主　编 厉　声

副主编 李　方（常务）　李国强

编委会成员（按姓氏笔画排列）

于　永　于逢春　马品彦　王利文　方　铁　厉　声　冯建勇
毕奥南　吕文利　许建英　孙宏年　孙振玉　李　方　李国强
张永攀　周建新　孟　楠　段光达　倪邦贵　高　月　崔振东
翟国强

中国社会科学院中国边疆史地研究中心　**厉声 主编**

当代中国边疆·民族地区典型百村调查：**内蒙古卷（第二辑）**

分卷主编：**于　永　毕奥南**

党建长廊

民俗馆全景

工作中的联合收割机

油菜

恩和北山祭祀点

体验家庭旅游

童话般的冬天

绿色的恩和村

参观面包制作

放牧

百年民居

快乐的巴斯克节

俄罗斯族的舞姿

访谈伊万老人

访谈俄罗斯族妇女

复活节俄式菜肴

中国社会科学院中国边疆史地研究中心 厉声 主编
当代中国边疆·民族地区典型百村调查：内蒙古卷（第二辑）

东北边陲的俄罗斯民族村
——内蒙古额尔古纳市室韦俄罗斯民族乡恩和村调查报告

赵淑梅 等 ◎ 著

社会科学文献出版社
SOCIAL SCIENCES ACADEMIC PRESS (CHINA)

"当代中国边疆·民族地区典型百村调查"
总　序

深入实际、开展国情调研，是中国社会科学院肩负的重要科研任务，也是中国社会科学院履行好党中央、国务院赋予的"思想库"、"智囊团"职能的重要方式。中国边疆省区占国土面积的 60% 以上，边疆区情及当地的民族社会调研（边疆调研）是中国国情调研的重要组成部分。正如一位边疆工作者所说：不了解少数民族，就不了解中华民族；不了解边疆，就不了解中国。1983 年中国社会科学院中国边疆史地研究中心建立后，特别是 1990 年以来，一直将边疆调研作为学科研究的重点之一。

2004 年，中国边疆史地研究中心承担国家社科基金特别项目"新疆历史与现状综合研究"（简称"新疆项目"）。2006 年，中国边疆史地研究中心牵头，立项开展"当代中国边疆·民族地区典型百村调查"（简称"百村调查"），作为此特别项目的子课题。"百村调查"以新疆为重点，在全国新疆、西藏、内蒙古、宁夏、广西五个民族自治区和云南、吉林、黑龙江三省基层地区同时开展，共调查 100 个边疆基层村落。调查工作在"新疆项目"领导小组和专家委员会指导下，由"百村调查"

专家委员会暨编委会组织实施。在中国边疆史地研究中心主持拟定的调查大纲框架下，发挥每个省区的优势，体现各自的特色。

本项目的实施得到了边疆地区各级地方党政部门的支持。首先，调查工作注意与地方党政部门的相关工作衔接、听取意见，在实施调查之前，主动向各级党政部门汇报情况，听取指示和意见。其次，调查组主动让各级党政部门了解调研的全过程，在调研过程中出现问题时及时向相关党政部门请示。再次，调研阶段成果和最终成果的副本同时提供地方党政部门参考。

"百村调查"的调研主题是：改革开放30年来中国边疆基层村落的民族社会和经济发展的历史与现状。具体内容包括：乡村概况、基层组织、经济发展、社会生活、民族、宗教、文教卫生、民俗风情等。项目调研的时间是：2007～2008年（资料下限至2007年底或适当延长）。

"百村调查"的调研对象为：100个具有典型意义与特色的中国边疆基层村落。课题以基层乡、村两级为调查基点，大致每个省区选择2个地州，每个地州选择1～2个县，每个县选择2个乡，每个乡选择2个村。新疆共调查22个村，其他地区均为13个村（辽宁、吉林、黑龙江以东北边疆为单元，共调查13个村）。调查点的选择要求：

（1）本地区社会稳定与经济发展中具有典型意义的基层乡和村。

（2）存在边疆现实政治、社会或经济发展的热点、难点问题。

总　序

（3）与20世纪50年代全国边疆民族调查能有一定的衔接。

"百村调查"采取学术调查与现实政治相结合的方法，以社会人类学入村入户调研方法为主，同时关注现实政治、社会与经济发展中的热点、难点问题；一般共性调查与专题专访调查相结合，在一般综合性调查的基础上，选择好专访或专题调研的"切入点"——总结经验与完善不足相结合，在总结各项工作经验的同时，善于发现问题和提出解决问题的对策与建议。调研注重入户访谈和小范围座谈的专访调查。在一般性问卷和统计资料收集的基础上，注重对基层干部、群众典型、教师、宗教人士等特定人员的专题访谈，倾听和收集他们对基层社会稳定与经济发展的看法、意见和建议，形成能说明问题的专访或专题调研报告。

"百村调查"的成果形式分为调查综合报告与专题报告两大类。

（1）调查综合报告：依据大纲规定，撰写有关乡村经济社会等发展状况的综合报告，课题结项后分期公开出版。专题报告及调查资料可以公开发表的，在篇幅允许的情况下，作为附录附在综合报告末尾。

（2）专题报告：内容较敏感、不适宜公开出版的专题报告，集成《专题报告集》，内部刊印。

"百村调查"总主编　厉声　谨识
2009年8月25日

目 录
CONTENTS

序 言 / 1

第一章　概况 / 1
　　第一节　恩和村所在的市及乡镇概况 / 1
　　第二节　自然环境 / 8
　　第三节　人口 / 11

第二章　经济 / 24
　　第一节　农业 / 24
　　第二节　养殖业 / 32
　　第三节　旅游业 / 43
　　第四节　商业 / 61

第三章　基层党政 / 73
　　第一节　党团组织 / 73
　　第二节　行政管理 / 90

第四章　社会生活 / 100
　　第一节　婚姻 / 100

第二节　家庭 / 103
第三节　日常生活 / 109

第五章　民族礼俗 / 138
第一节　出生礼俗 / 138
第二节　命名和洗礼 / 138
第三节　婚嫁习俗 / 140
第四节　丧葬习俗 / 147
第五节　民族节日 / 153
第六节　日常礼节 / 161

第六章　文教卫生 / 163
第一节　宗教信仰 / 163
第二节　民间艺术 / 168
第三节　乡村教育 / 172
第四节　医疗卫生 / 186

第七章　新农村建设 / 197

后　记 / 210

图目录
FIGURE CONTENTS

图 1-1 "中国魅力名镇"荣誉证书 / 3

图 1-2 恩和乡地理位置图 / 4

图 1-3 恩和村村落布局 / 6

图 1-4 恩和村村口大门 / 7

图 2-1 人工挤奶 / 36

图 2-2 秋后的草场 / 39

图 2-3 木刻楞房屋 / 45

图 2-4 制作列巴 / 46

图 2-5 俄罗斯族民俗馆 / 47

图 2-6 新式旱地厕所 / 49

图 2-7 家庭旅游住宿 / 60

图 4-1 桦树皮鞋 / 110

图 4-2 俄式鲁巴哈 / 110

图 4-3 列宁服 / 112

图 4-4 古力契面包和彩蛋 / 118

图 4-5 早期的地窨子民居 / 120

图 4-6 木刻楞民居 / 121

图 4-7 板杖子围墙 / 126

图 4-8 列巴炉 / 127

图 4 - 9　桑拿房 / 128

图 4 - 10　恩和交通图 / 131

图 4 - 11　马爬犁 / 133

图 5 - 1　十字架、松香和"升天证" / 150

图 5 - 2　村民墓地 / 152

图 5 - 3　巴斯克节荡秋千 / 157

图 6 - 1　神龛 / 165

图 6 - 2　桦树皮工艺品 / 170

图 6 - 3　家庭手工艺 / 171

图 6 - 4　吊起的摇篮 / 173

图 6 - 5　学生宿舍 / 177

图 6 - 6　学校运动会 / 178

图 6 - 7　校务公开栏 / 183

图 6 - 8　恩和医院 / 187

图 6 - 9　桦树灵芝 / 192

图 6 - 10　泡药酒 / 193

图 6 - 11　室内水井 / 194

图 7 - 1　风光互补型路灯 / 204

表目录
TABLE CONTENTS

表1-1　恩和村历史上人口迁入、迁出情况／12

表1-2　恩和村人口统计表／13

表1-3　恩和村150人祖籍调查表／16

表1-4　人口年龄结构统计（抽样调查290人）／17

表1-5　人口性别统计（抽样调查286人）／17

表1-6　恩和村人口姓氏统计／18

表1-7　人口文化程度构成（258人）／19

表1-8　俄罗斯族及华俄后裔俄语使用情况（150人）／22

表1-9　恩和村曲德欣家庭人口文化程度及语言使用情况个例／23

表2-1　2008年恩和农牧场主要农作物的品种／27

表2-2　1986～1988年恩和牧场小麦、油菜生产情况／27

表2-3　1990～2000年恩和牧场主要产品播种面积及产量／28

表2-4　1991～2000年的农业机械购置的基本情况／29

表2-5　1991～2000年晾晒棚、水泥晒场的面积／30

表2-6　《额尔古纳市家庭旅游服务质量等级评定评分标准》／54

表2-7　恩和村4家商店情况统计／62

表 3-1　1956 年建乡以来历届乡长／91

表 4-1　恩和村抽查 80 户家庭通婚情况统计表／100

表 4-2　恩和村 150 人初婚年龄统计表／103

表 4-3　恩和村家庭规模统计／104

表 4-4　家庭结构类型统计（调查 92 户）／104

表 4-5　恩和村日常生活全年各项支出平均费用（调查 60 户）／105

表 4-6　恩和村居民房龄统计／125

表 4-7　恩和到各地的里程及花费／132

表 4-8　民族演艺厅功能设置一览表／136

表 4-9　民族演艺厅设备购置一览表／137

表 6-1　初级中等义务教育入学情况／176

表 6-2　初级初等义务教育入学情况／176

表 6-3　小学一年级第一学期课程表／181

表 6-4　享受补助学生人数统计／183

表 6-5　恩和学校毕业生情况统计／184

表 6-6　医疗保险报销情况统计／188

表 6-7　恩和地区草药情况统计／191

表 6-8　2003～2007 年恩和村死亡人口统计／193

表 7-1　恩和村现有公用电话统计／203

序 言
FOREWORD

"当代中国边疆·民族地区典型百村调查"是2004年度国家社会科学基金特别项目"新疆历史与现状综合研究项目"的子课题。内蒙古自治区既是中国少数民族聚居地区，又是中国边疆地区，于是顺理成章成为这个子课题的有机组成部分。按照课题的整体设计，内蒙古自治区需要调查13个典型村。由于多年合作关系，项目主持单位中国社会科学院中国边疆史地研究中心决定依托内蒙古师范大学历史文化学院，委托院长于永教授和中国社会科学院中国边疆史地研究中心的毕奥南研究员共同主持内蒙古自治区的子项目。

接受任务后，根据内蒙古地域辽阔、农村牧区基层社会类型多样的具体情况，在选择典型村时，我们考虑了以下几个标准：第一，选择的典型村应该覆盖内蒙古的东西南北。因为内蒙古东西部经济文化以及地理因素存在诸多差别，南北风貌也不尽一致，所以典型村的选择如果集中在一个地区，很难反映内蒙古作为边疆民族地区的全貌。我们认为应该在内蒙古的各个盟（市）范围内，尽量做到每个盟（市）选择一个村（嘎查）。第二，需要兼顾内蒙古不同地区的不同经济社会类型。广袤的内蒙古自治区有农区、牧区、半农半牧区；有城乡结合地区，还有边境地区；有蒙古族聚居区，有汉族聚居区，还有其他少数民族聚居区，还有蒙汉杂居地区。因此，典型村的选择必须兼顾这些类型差异。

根据上述考虑，我们在内蒙古最东部的呼伦贝尔市（原呼伦贝尔盟）选择了额尔古纳市恩和村。这个村既是中国俄罗斯族聚居区，又是中国东北部与俄罗斯临界的边境村。从该村社会发展可以观察中国边境地区俄罗斯族经济文化变迁轨迹。

在兴安盟选择了科尔沁右翼中旗高力板镇的国光嘎查。这是清末蒙地放垦后形成的村落，经济形态上经历了由牧到半农半牧的演变，在民族成分上是蒙汉杂居地区。由于地理区位上处于两省区（内蒙古自治区与吉林省）三地（吉林省通榆县、兴安盟突特旗、本旗所在地巴彦呼舒镇）之间，经济发展思路值得关注。

通辽市（原哲里木盟）是全国蒙古族人口聚居比例最大地区。我们在该地区选择了三个村，分别是扎鲁特旗东南部道老杜苏木保根他拉嘎查和扎鲁特旗西北部鲁北镇的宝楞嘎查，以及科尔沁左翼中旗白音塔拉农场二爷府村。这三个村都是蒙古族聚居的农业村落。扎鲁特旗的两个嘎查是清末蒙地放垦以后，在牧业地区逐渐形成的农业村落。新中国成立以后国家在内蒙古自治区建立了很多农场，对于科尔沁左翼中旗白音塔拉农场二爷府村的调查能够让我们对内蒙古地区农场的变迁及其经营现状有一个认识。

赤峰市喀喇沁旗地处燕山山脉深处，是清代前期（康熙）开始农耕化的地区，历经几百年，当地的蒙古族已经汉化，现在是以农业为主业、牧业为副业、汉族人口占多数的蒙汉杂居地区。喀喇旗王爷府镇富裕沟村是内蒙古的山村，对该村的调查能够开启一个窗口，了解内蒙古南部地区农村社会的基本情况。

锡林郭勒盟地处中国正北方大草原，正蓝旗赛音胡达嘎苏木和苏尼特左旗赛罕高毕苏木是典型的牧区，这两个地区保留着传统蒙古族的生产生活方式，受农耕文化的影响比较小。正蓝旗是察哈尔蒙古族聚居区，赛音胡达嘎苏木地处浑善达克沙地，传统牧业经济由于受生态环境恶化影响，已经难以发展。苏尼特左旗地处内蒙古的北部，是紧邻蒙古国的边境旗，因为环境恶化严重，正在执行"围封转移"政策。对这两个牧区嘎查的调查，可以让人们了解到草原生态形势严峻，以及牧业经济发展的困境。进而引发的思考是，在发展经济的同时，蒙古族传统文化怎样迎接社会转型的挑战？

呼和浩特市清水河县的窑沟乡老牛湾村，是内蒙古南部地区与山西偏关临界的一个山村，地处黄土高原丘陵区，临黄河和长城，与山西省仅一河之隔，在清代前期即有山西移民进入，是山西移民在内蒙古组成的汉族村落，也是有名的贫困地区。调查者以扶贫挂职方式深入当地生活，与当地干部密切合作，回顾历史发展历程，探索新的发展思路，尝试揭示这个村的前生今世。

呼和浩特市土默特左旗小浑津村是城乡结合部的蒙古族村落，这里蒙古族居民的语言和生产方式已经汉化，但是还保留着浓厚的蒙古族习俗。面临社会转型，生产方式改变，这个蒙古族村落如何保留自己的习俗，调查者希望通过努力，来揭示民族文化变迁的轨迹。

鄂尔多斯市（原伊克昭盟）准格尔旗十二连城乡五家

尧村濒临黄河，现是内蒙古自治区的新农村建设示范点。村落社区面临全面转型。既有生产、生活方式的变革，也有社区治理格局的转变。调查者准备对这种转型进行截面式描绘，展示该村改革开放以来取得的成绩及存在的问题。

巴彦淖尔市（原巴彦淖尔盟）杭锦后旗双庙镇继丰村地处河套平原与乌兰布和沙漠交会处，是内蒙古地区近代典型移民村。这里自然环境恶劣，但居民顽强地适应了生存环境，并通过长期奋斗使环境沙化得到遏制。改革开放30年来，这里的社会经济得到长足发展，调查者拟通过实地走访，入户恳谈，努力勾勒这个村的发展历程。

包头市达尔罕茂明安联合旗明安镇白音杭盖嘎查地处大青山北，是蒙古族为主的纯牧业区，因为生态环境恶化，根据国家政策已经全部禁牧。但是，如何安置当地牧民，涉及诸多问题，这在内蒙古地区推行城镇化及生态移民的实践中具有典型意义。

在初步择定调查点后，为了保证调查工作顺利实施，为了能够得到真实的调查材料，课题组采取了以下措施：

第一，选择熟悉典型村的专家学者担任主持人。内蒙古地区13个典型村的负责人可以分成两种类型：一种是在该村生活数年或者十多年，与村民熟悉，对该村的情况比较了解的人员；另一种是在调查村有特别熟悉的人员，能够起到引荐的作用。鄂尔多斯市五家尧村、巴彦淖尔市的继丰村、赤峰市的富裕沟村、通辽市的三个村、锡林郭勒盟的两个嘎查、呼和浩特市清水河县老牛湾村9个典型村的负责人都属于第一种类型。其他典型村负责人属于第二种类型。

通过选择熟悉并且与典型村有密切关系的专家学者担

任主持人，能够有效地消除调查者与被调查者之间的隔膜，消除被调查对象的顾虑，得到调查对象的配合，从而获取真实的信息。所选择的熟悉典型村的专家学者，大都是出生在典型村，高中毕业后因考入大学才离开了所在的村庄。他们在本村生活近20年，对本村的历史、环境、经济、政治、生产生活方式、风俗习惯、文化心理等，都有深切的感性认识，能够准确地表述本村情况。

第二，对参加调查人员进行业务培训。首先认真研读中国社会科学院中国边疆史地研究中心下发的有关本次调查的文件，参考其他省区调查成果。根据调查文件，结合内蒙古地区的实际情况，在多次商讨的基础上，拟定了内蒙古地区调查的大纲、调查问卷、访谈大纲、调查表，请有经验的调查人员介绍了调查中应注意的问题。

第三，选择清水河老牛湾村进行试点调查。老牛湾村距离呼和浩特市比较近，其他各村的主持人，首先到该村参与调查，得到一定的锻炼，取得一些调查经验，再开始本村的调查。

第四，对13个村的调查基本上采取线型推进的方式，没有采取平推的方式，目的是先开展调查的村能够给后开展调查的村积累调查的经验。

参与内蒙古地区典型村调查的学者多出身于历史学专业，在调查过程中，主要使用了历史学的方法，直接收集典型村的档案资料，通过访谈获得第一手的口述资料，通过调查问卷获得一家一户的数据性资料，通过观察获得感性资料。在通过不同方式最大限度地获取资料后，试图全面客观地描述典型村的现状及历史变化，目的是让读者对典型村的状况能有一个全面的认识。

第一次在内蒙古地区做这样一个比较大规模的调查，从我们的角度来说是一个尝试，受主客观条件的制约，调查成果肯定还有很多问题，我们期盼着同行的指正。

于　永　毕奥南
2009 年 12 月 1 日

第一章 概况

第一节 恩和村所在的市及乡镇概况

一 额尔古纳市

额尔古纳市位于内蒙古自治区大兴安岭西北麓的呼伦贝尔草原北端,额尔古纳河右岸。额尔古纳市原名为额尔古纳右旗,是1946年所设,当时有额尔古纳右旗和额尔古纳左旗之分。1994年额尔古纳左旗改名为根河市,额尔古纳右旗则改名为额尔古纳市。额尔古纳市东北部与黑龙江省漠河县毗连,东部与根河市为邻,东南及南部与牙克石市、陈巴尔虎旗接壤,西部及北部隔额尔古纳河与俄罗斯相望。

额尔古纳地区有起伏的群山、美丽的湿地、茂密的原始森林、纵横交错的河流、辽阔的草原、肥沃的黑土地和各种珍禽异兽,是我国北方得天独厚的原生态自然风景区。不仅自然景观美丽,一方水土滋养一方民风,额尔古纳还有非常独特的人文环境,是一个多民族的聚居区,22%的人口是少数民族,有蒙古族、俄罗斯族、回族、满族等多个少数民族,他们创造了独具民族特色的文化。额尔古纳是蒙古人的发祥地,境内留有蒙古祖先穴居遗址、室韦部落传说、黑山头古城遗址、三河原、金界壕等。额尔古纳还是2700多位俄罗斯族和5000多位华俄后裔繁衍生息的地方,这里有全国唯一的俄罗斯民族乡,有极具俄罗斯风情的村庄和文化风貌,在生产生活方式上也沿袭了俄苏的许多习俗,这一切造就了额尔古纳别具风采的文化特质。

二 室韦俄罗斯民族乡

室韦俄罗斯民族乡位于额尔古纳中部,隔额尔古纳河与俄罗斯相望,境内中俄边境线长达136.4公里,总面积约4351平方公里。室韦乡历史悠久,曾为蒙兀室韦驻地,现为俄罗斯族及华俄后裔的聚居地,是中国唯一的俄罗斯民族乡建制地。2005年被中央电视台授予"中国魅力名镇"荣誉称号,是内蒙古自治区唯一的"中国魅力名镇"。室韦乡辖2个大型国营农牧场(室韦农牧场和恩和农牧场)和10个自然村屯,人口4200多人,由汉、俄罗斯、蒙古、满、回、朝鲜、达斡尔、鄂伦春、鄂温克、土家族等10个民族组成,居民主要从事农牧业、林业、外贸、旅游业等。室韦乡的俄罗斯族及华俄后裔人口为1772人,占全乡总人口的42%。这里交通便利,通信、网络健全,县道三级公路与市、乡贯通。乡政府所在地恩和村距额尔古纳市行政中心约100公里,距离海拉尔市290多公里。独特的人文、历史、原生态等资源成为室韦乡经济与社会快速发展的最大优势。

三 前恩和俄罗斯民族乡

(一)地理位置

恩和乡地处额尔古纳市西北部,额尔古纳河南岸,与

图1-1 "中国魅力名镇"荣誉证书

俄罗斯隔河相望。东与根河市接壤，东南与三河镇相连，西与苏沁乡、黑山头镇交界，东北与室韦镇相邻。辖区面积2068平方公里。

(二) 建制沿革

据《额尔古纳右旗志》记载，20世纪初，恩和境内就有越境俄侨临时居住。1937年日本侵略军以"清边"为借口，强行将原住在杰列灭聂亚、水磨、七卡、九卡、瓜地屯的居民迁到指定地点，恩和地区开始建村屯，当时由日伪"维持会"管辖。1949年民主建政时期，恩和建立了工会组织。1956年10月建恩和乡。1958年秋，恩和乡划入苏沁牧场，为第三分场，乡场合一。1963年，第三分场与七卡生产队从苏沁牧场划出，成立恩和牧场。1964年乡党委和场党委分设，同年成立恩和乡人民政府。1968年3月，恩和乡和恩和牧场联合成立革命委员会组织，1972年9月，成立恩和乡革命委员会核心组织，1973年8月恢复乡党委，曾为中共额尔古纳右旗西部地区工作委员会驻地。1976年

图 1-2 恩和乡地理位置图

恩和乡和恩和牧场实行了政企合一,设一个党委,对内一套班子,对外挂两个牌子,即中共额尔古纳右旗恩和乡委员会和中共黑龙江国营恩和牧场委员会。乡、场党委于1984年7月分开。1994年7月,经内蒙古自治区人民政府批准,恩和乡更名为恩和俄罗斯民族乡。2001年,恩和乡与室韦镇合并,称室韦俄罗斯民族乡,政府驻地设在吉拉林村,恩和地区设管委会,恩和村为管委会驻地。2006年,室韦乡政府所在地改设在恩和村,吉拉林村设室韦口岸经济区管理委员会,两地由一个党委领导,行政领导机构分设。

为了凸显恩和俄罗斯民族优势,额尔古纳市委、市政府决定重新恢复恩和俄罗斯民族乡建制,并通过了呼伦贝尔有关部门批准。2007年，额尔古纳市委市政府已经在建制上给予恩和乡镇级待遇。因恩和地区大部分人还习惯地称自己是恩和乡的居民，我们的调查也把恩和地区称为恩和乡，乡政府所在地为恩和村，俗称戈拉湾（葛拉湾）村。

四 恩和村

（一）村落名称

恩和乡境内蜿蜒流淌着得尔布尔河的支流哈乌尔河，河畔有个三百多户人家的村庄，这就是室韦俄罗斯民族乡政府所在地恩和村（也称恩和屯）。恩和村坐落在一个很大的山间谷地，哈乌尔河浅浅地流过这个小村庄，形成一片弯弯曲曲的湿地，河边是起伏的草场和稀疏的树林。周边的山坡线条和缓，山上的白桦林一直延伸到山脚。

恩和村俗称戈拉湾（葛拉湾）村。关于"戈拉湾"名称的来源目前没有统一说法，据《呼伦贝尔农垦志》记载，"戈拉湾"是俄语"曲折"之意；也有老年村民讲，该名称来源于一个姓氏，也有说是来源于通古斯语。我们比较认同的说法是该名称来自俄语 Граван，俄语中有这个姓氏，有村民说也许是最早来此居住的俄罗斯人家的姓，因19世纪末20世纪初额尔古纳河右岸属我国的边远地带，虽然中俄签署《尼布楚条约》后，对国界有了明确划分，但边境地区两国人民仍可自由往来、居住。当时河右岸人烟稀少，屯落无几，俄人进入后，他们自己为其所居地起名字，沿用至今也是有可能的。

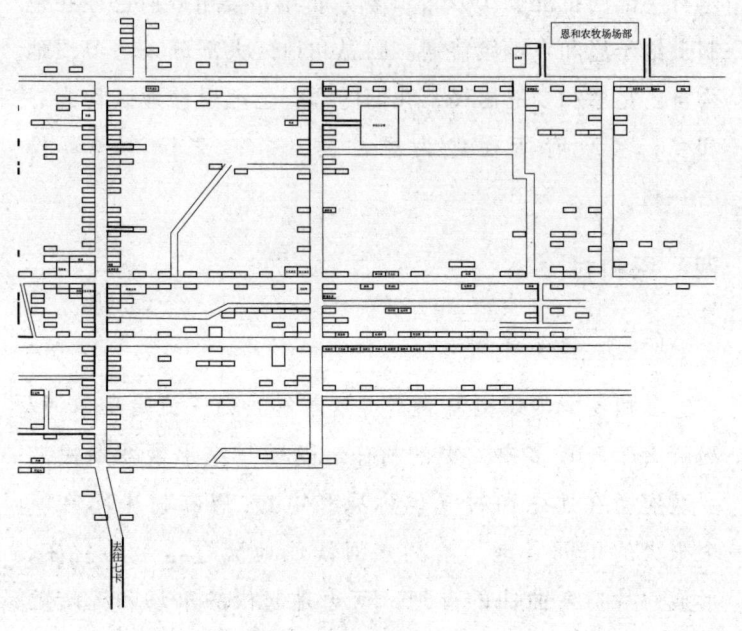

图 1-3　恩和村村落布局

（二）村落布局

恩和村北边是戈拉湾北山，海拔 739.5 米，山脚下的哈乌尔河由东北向西南方向流经恩和村，村子坐落在哈乌尔河东南岸。建屯初期，村里的人家都选择沿河居住，主要是为人畜用水方便。后来村里人口增加，为取水方便村庄依然是沿河岸向两侧伸展。再往后人们学会了打井，村庄开始向东南伸展。建屯 70 多年来，村落逐步扩大，形成了一个长方形的村庄。由于村落是沿河而建，所以村子里房屋的朝向并非中国北方农村习惯的坐北朝南，也非正东或正西向，而是坐西北朝东南方向。村里人识别方位的方法是看房子的四个角，它们分别朝向东南、西北，因此初到此地的人往往会被方向搞蒙，据村民讲，就是在村里生活多年的人也有分不清东西南北的。

从建屯到 20 世纪 70 年代末，恩和村一直是一条街道。改革开放后，随着经济的发展、人口的增多，村庄逐步扩展，街道也多了起来，到 2008 年 10 月，村庄街道已是三纵三横，规划有序，其中两条交会的主街铺设了水泥路面，并安装了靠风能、太阳能合二而一的高科技路灯。额尔古纳市至莫尔道嘎镇的三级柏油路纵贯恩和乡，是全乡对外的主要交通要道。村内有水泥路 1.5 公里，砂石路 4 公里，恩和至七卡的国防公路把全乡的主要村屯连接起来。恩和村入口处竖立了独具地区特色的标志性大门。

图 1-4 恩和村村口大门

（三）驻村各单位

恩和村是室韦俄罗斯民族乡政府及恩和国有牧场两

大系统的驻地,此外还有一所"九年一贯制"学校;一所卫生院,能够治疗一般的常见病和多发病;一个供电所,保障恩和地区的电力供应以及电路的维护;一个边防派出所,负责恩和地区的社会治安管理;一个市直属林场,负责林区的管护和防火工作;一个邮电支局,开展储蓄和邮政相关业务;一个网通支局,开展程控电话和宽带业务;一个俄罗斯族民俗博物馆。恩和村没有单设村委机构,所有社会事业和公共服务的职能全部由乡政府负责管理。

第二节 自然环境

一 地形地貌及水文气候

额尔古纳市地处高纬度的大兴安岭背风坡,属大陆性寒温带气候。恩和地区位于大兴安岭西麓,多山地和丘陵,谷地较狭窄,地势倾斜,坡度大,海拔700~1000米。

恩和地区全年温度偏低、湿度偏高、降水较多、蒸发较少。年平均气温 $-4 \sim -5$℃,昼夜温差达18℃上下,极端最低气温 -50℃,绝对最高气温39℃。年均降水量450~600毫米,降水主要集中在6~9月,水系发达,水资源丰富。无霜期为90天左右。早霜一般在9月上旬,晚霜一般在6月上旬。春季干旱且多大风。

二 土壤植被

恩和地区土壤为灰色森林土、草甸土和黑钙土,不同地带适合不同作物生长。该地区的森林植被主要为适于耐寒的阴性树种兴安落叶松或樟子松、白桦等。

三 山脉湖泊

额尔古纳市境内的河流均发源于大兴安岭西侧,皆属额尔古纳河外流水系。辖区内有大大小小的河流84条,其中流域面积超过100平方公里的河流有81条,流域面积超过5000平方公里的有3条,分别是额尔古纳河、根河、激流河。

流经恩和村的河称哈乌尔河,河中盛产鲤鱼、细鳞、狗鱼、华子鱼、鲫鱼、泥鳅、柳根鱼等。

四 物产资源

恩和地区水资源丰富,主干水系为额尔古纳河,次干水系为恩和境内的哈乌尔河,境内地下水资源丰富,易成井,水质优良。

恩和地处森林草原交界处,森林面积67.5万亩,树种以兴安落叶松、白桦林为主;草原面积110万亩,生长在森林和草原上的野生动植物种类繁多而珍贵。

恩和境内林间和草地上生长着多种药用植物,有黄芪、党参、百合、赤芍、柴胡、车前子、益母草、狼毒、防风、桔梗、黄芩、杏仁、满山红等;野生浆果有越橘(俗称牙格达)、笃斯越橘(俗称都柿)、稠李子、山丁子、水葡萄、旱葡萄、刺梅果、羊奶子、草莓、山杏等;食用菌有桦树蘑、花脸蘑、酸蘑、肉蘑、草蘑、白蘑等;野生动物有马鹿、雪兔、黑熊、狍子、飞龙等十几种。

恩和境内主要的矿产资源是石灰石。

五　自然灾害

恩和地区与额尔古纳境内其他地区一样，主要的自然灾害有霜冻、雹灾、雪灾、病虫害、火灾等。

霜冻是本地区的主要自然灾害，据《额尔古纳右旗志》（1993年版）记载，1976年6月18日，恩和地区降霜大冻，8月14日又一次大冻，全年无霜期仅57天，导致小麦无成粒。1981年5月下旬和6月中旬，恩和地区两次气温突降，境内6570亩油菜中有2900亩被冻死，7月4日，在油菜开花盛期又遭霜冻，致使余下的3670亩油菜又减产30%左右。

冰雹也是恩和地区的自然灾害之一，对农业生产危害极大。据旗志记载，1985年7月18日下午2时左右，恩和地区遭受暴风雨和冰雹袭击，时间长达2小时，核桃大的冰雹把开花的油菜砸得只剩青秆，导致2441亩油菜、2000亩燕麦、1700亩小麦绝产，青菜全部绝产，500亩小麦严重减产。据乡政府档案资料记载，2004年8月25日，室韦农牧场遭受了有史以来罕见的雹灾，造成6325亩待收油菜全部绝产，已收25万公斤油菜全部让雨水浸泡，直接经济损失195万元，加上间接损失共计267万元，严重影响了人民生活。9月2日牧场的正阳队桦树林沟又遭冰雹袭击，5000亩油菜绝收，经济损失80多万元。

2004年恩和地区遭旱灾，降雨量小，小麦、油菜因旱灾损失总计为1406万元。

我们在村里调查中了解到，这里在秋收季节也存在着一定的自然灾害，主要有早熟、风灾、雹灾、虫灾四种。有些作物成熟得早在雨季容易落粒发芽，可谓早熟的灾害。

风灾在恩和很常见，在幼苗期容易造成作物倒伏，致使粮油减产，这也是在选种时尽量选抗倒伏品种的原因。另外油菜早熟在风季最易炸角，造成不必要的损失。雹灾是最为凶猛的灾害，轻则减产，重则颗粒无收。据恩和农牧场的王科长讲，2006年的雹灾全场减产70%，至今提起仍心有余悸。虫灾每年自6月就会大面积发生，有时整个生长期都会接连不断。油菜最易招虫害。另有当地人俗称"地老虎"的鼠害，昼夜出没专吃油菜嫩角，危害甚大，当地人一般洒药诛灭。

据《额尔古纳右旗文史资料》（第二辑，1989年）记载，1953年9月9日额尔古纳右旗额尔古纳河沿岸草场发生火灾，火势凶猛，火线很宽，恩和牧场的向阳队就在其中。大火烧了一个月才扑灭。当时由于是深秋季节，群众的麦码子（收割后的麦捆）和饲草垛都堆在野外，凡野火经过的地方全部被烧光。其中损失较多的是当时的第三管辖地区（今室韦镇）。据统计共造成直接经济损失27万余元。

第三节　人口

一　恩和村人口来源

富饶美丽的额尔古纳地区，很早就居住着汉族、蒙古族、俄罗斯族、满族和其他民族。由于历史上多次的民族迁徙，频繁的军事征调和移民实边等原因，这里的各民族形成既杂居又聚居，互相交错居住的状况。19世纪末20世纪初戈拉湾北山脚下的哈乌尔河畔只有10来户人居住，此后恩和村每年都有村民迁入迁出（见表1-1）。

表1-1 恩和村历史上人口迁入、迁出情况

迁入时间	迁入原因	迁出时间	迁出原因
1939~1942年	日本侵略军以"清边"为借口,强行将原住在杰列灭聂亚、水磨、七卡、九卡、瓜地屯居民迁到指定地点,此次迁居到恩和村的有30户,200多人	从1954年到1964年	额尔古纳右旗全旗共迁出苏侨9486人,分批回国,恩和地区有部分俄侨迁回苏联
1943年	由于各金矿停产,有少部分金矿工人来恩和种地谋生	1956年后	由于从山东迁来的移民不适应本地寒冷天气,有少数人又迁回去了
1954年	成立恩和林场,有少部分林场工人进入	1970年后	多数知青回城
1955年	从山东泰安、内蒙古昭乌达盟移民迁来额尔古纳地区,有一小部分进入恩和	1990年末期	部分恩和牧场职工迁到外地
1956年	恩和乡建立,有少数干部及家属进入	—	—
1960年	黑龙江省农垦部队迁来额尔古纳,有一小部分农垦职工进入恩和	—	—
20世纪60年代	山东、河北等内地饥民投奔亲属来到恩和谋生	—	—
1963年	恩和牧场成立,少数干部和家属进入	—	—
1968年	有少数知青下乡来到恩和	—	—
1980年后	户籍制度放松后,有少数外省村民来到恩和地区,养牛经商,这一部分人是恩和人口增加的主力军	—	—

二 人口民族构成

据2000年第五次全国人口普查资料显示,室韦俄罗斯民族乡总人口4224人,主要由汉、俄罗斯、蒙古、达斡尔、满、鄂温克、土家、赫哲、回、朝鲜等10个民族构成,其

中俄罗斯族和华俄后裔人口为1774人（前者629人，后者1145人），占总人口的42%，全乡70%以上的居民主要聚居在恩和、室韦两个较大的自然村中。

1982年第三次人口普查时恩和乡人口2744人，1990年第四次人口普查时恩和乡人口2275人，2000年第五次人口普查时恩和乡人口2705人。

据乡政府计生办提供的资料显示，截至2008年年底，恩和村全村总人口839人，由俄、汉、蒙、满、回5个民族构成。汉族491人（包括86人华俄后裔，他们户籍上显示为汉族），占全村总人口的58.5%，少数民族348人，其中俄罗斯族315人，占全村总人口的37.5%，蒙古族22人，满族7人，回族4人（见表1-2）。

表1-2 恩和村人口统计表

民　　族	俄罗斯	汉	蒙	满	回	总计
户　数（户）	145	141	10	4	1	301
人口数（人）	315	491	22	7	4	839
百分比（%）	37.54	58.5	2.6	0.8	0.5	100

（一）俄罗斯族及华俄后裔

恩和村的俄罗斯族共有145户，315人，另有华俄后裔86人（户籍上显示为汉族），俄罗斯族和华俄后裔共占全村总人口的47.8%。华俄后裔是中国人与俄国人结婚的后代，按照我国汉族的传统习惯，子孙后代的姓氏与民族成分大都随着父亲世代相袭。因此改革开放以前额尔古纳地区的广大华俄后裔的民族成分基本都为汉族，只有极个别的随母亲的民族为俄罗斯族。改革开放以后，社会逐渐进步，党的民族政策不断地深入落实，少数民族在我国享有的优惠政策更多了。许多华俄后裔要求将自己的民族成分改为俄罗斯族。根据额尔古纳地区华俄后裔这一特殊群体的特殊情况，内蒙古自治区党委办公厅于1985年下发了《关于重视华俄后裔生产生活问题的通知》（内党办发〔85〕12号）（简称《通知》）。《通知》中对华俄后裔这一称谓做出了正式肯定，并在《通知》第二条规定中指出："华俄后裔过去自报汉族，现在不少人要求改变民族成分，报俄罗斯族。根据国务院人口普查领导小组、公安部、国家民委（1981）民政字第601号文件《关于恢复或改变民族成分的处理原则通知》办理。"从内蒙古党办1985年的12号文件下发开始到1989年年末，额尔古纳地区自愿改报俄罗斯族的人口有2000多人。

1989年，国家民委、国务院第四次人口普查领导小组、公安部又联合下发了《关于暂停更改民族成分工作的通知》（民委政字〔1989〕537号），额尔古纳地区的民族成分更改工作也暂停，因此许多华俄后裔的民族成分仍然为汉族。在这一段民族成分的更改中也存在一些问题，比如在一些家庭中，父母的户口上依然写的是汉族，而子女的民族成分却改成了俄罗斯族，有的是父母改成了俄罗斯族，子女却是汉族，还有兄弟姐妹几人中有人改了民族，有人没改。这种情况为地方的户籍管理带来了一定的困难，对民族文化的弘扬也有一定的影响。

恩和村改革开放前华俄后裔户籍上的民族成分显示为俄罗斯族的极少，村里的两位俄侨后代属于无国籍，他们的子女为汉族，现在村里的俄罗斯族都是根据国家政策后来改过来的。

据我们调查，恩和村现在的户籍人口中，有86名华俄后裔没有更改民族成分，问及原因，他们说政策刚下来时，许多人心理上还有"文化大革命"时留下的阴影，怕再次成为"苏修特务"，担心万一有运动再次挨整，所以起初持观望态度。到了后期，他们看到社会真的进步了，思想上的包袱也解开了，对更改民族成分的认识有所转变，但这时的国家政策有变，想改也改不成了。因此户籍上人口的民族成分就出现了混乱，导致村里至今还有父母与子女不同民族的现象（有些是农转非时填错了），比如有一个刘姓家庭，丈夫为俄罗斯族，妻子是蒙古族，他们的女儿为汉族。

（二）汉族

19世纪末期，额尔古纳地区成为"闯关东"的热点，因为这里采金业的兴起，中东铁路开工，吸引了大量内地汉族劳工。民国初年，山东、河北连遭水灾、旱灾，又涌来更多讨生活的农民。20世纪50年代初，由于额尔古纳的部分苏侨回国定居，额尔古纳境内人口减少，出现了大量房屋空闲、农牧业生产工具无人使用、牲畜无人饲养等问题，国家民政部门决定从内蒙古昭乌达盟和山东省等地移民来充实边境人口，恩和村也有些汉族是当时移民过来的。

在恩和村，全家人口均为汉族的共141户，406人，汉族和少数民族组成的家庭有89户，在户籍上显示民族为汉族的共491人，占全村总人口的58.5%，这里包括了部分华俄后裔（86人）。我们随机抽查80户150人，调查人口祖籍，结果显示本村人口70%都来自山东和河北两地，以山东人为最多（见表1-3）。

表1-3 恩和村150人祖籍调查表

单位:人,%

祖籍	人数	百分比	祖籍	人数	百分比
山东	67	44.67	四川	4	2.67
河北	38	25.33	广西	2	1.33
内蒙古	12	8.00	河南	2	1.33
辽宁	10	6.67	安徽	2	1.33
吉林	6	4.00	山西	1	0.67
黑龙江	6	4.00			

三 人口年龄结构类型

国际上通常根据一个国家或地区的老年人口系数、少年儿童人口系数、老少比、人口年龄中位数来判别该地区的人口年龄结构类型。人口的年龄结构类型通常分三种类型:年轻型、成年型、年老型。当一个特定领域的人口群体少年儿童系数为40%以上、老年人系数为5%以下、老少比在15%以下、年龄中位数为20岁以下,该人口群体属于年轻型;当少年儿童系数为30%~40%(指总人口中14岁以下含14岁人口所占的比重)、老年人口系数为5%~10%、老少比在15%~30%、年龄中位数为20~30岁时,属于成年型;如果少年儿童系数为30%以下、老年人口系数为10%以上、老少比在30%以上(指60岁以上人口与14岁以下人口的比值)、年龄中位数为30岁以上,属于年老型。

根据2008年我们所做的入户调查抽样统计结果,2008年恩和村的少年儿童系数为10.34%,老年系数为9.31%,恩和村老少比为90%,年龄中位数为35岁。从抽样调查统计结果看,恩和村人口的年龄结构类型属于年老型(见表1-4)。

表 1-4 人口年龄结构统计（抽样调查 290 人）

年龄组（岁）	1~14	15~20	21~30	31~40	41~50	51~60	60以上	总计
人数（人）	30	19	58	61	58	37	27	290
百分比（%）	10.34	6.55	20	21.03	20	12.76	9.31	100

四 人口性别构成

恩和村男女比例基本均衡，男性稍微多一点。从年龄组性别构成情况看，50岁以下的人口性别构成男多于女，50岁以上的性别构成女多于男，特别是51~60岁之间的女性比例远远大于男性（见表1-5）。

表 1-5 人口性别统计（抽样调查 286 人）

年龄组（岁）	1~19	20~30	31~40	41~50	51~60	60以上	合计
男（人）	24	34	28	33	15	13	147
百分比（%）	8.4	11.9	9.8	11.5	5.2	4.5	51.4
女（人）	22	29	26	25	23	14	139
百分比（%）	7.7	10.1	9.1	8.7	8.0	4.9	48.6

五 人口行业构成

恩和村的大部分居民是恩和农牧场的职工，工作收入比较稳定，生活有保障。如果有职工不想在某一个国有农场工作了，也可以离开，但是需要每月交给农牧场一定数目的钱，因为他日后的退休金还是要由原单位发放的。有一些三四十岁的居民凭借着自己对俄语的精通，到俄罗斯去经商或做翻译工作，生活上则会更宽裕些。除机关干部、行政事业单位职工外，村里有少部分人员从事其他行业，如开展养殖、餐饮、旅游、维修等私营经济。近几年乡政府和国营农场为了发挥俄罗斯族民俗对国内外游客的独特吸引力，在恩和村投资扶持了一批华俄后裔家庭开展家庭旅游业，作为俄罗斯族和华俄后裔家庭脱贫致富的试点，现在从事家庭旅游业的人数在逐年上升。

六 人口姓氏构成

恩和村共有 296 户，人口 862 人，有 73 个不同的姓氏（不包括只用名字的蒙古族和俄罗斯族共 6 户的姓），其中以刘、王、张、李为最大姓。刘姓 32 户，户内人口 102 人，占总人数的 11.8%；王姓 26 户，户内人口 78 人，占总人数的 9%；张姓 25 户，户内人口 78 人，占总人数的 9%；李姓 22 户，户内人口 59 人，占总人数的 6.8%。其次为孙、曲、陈、董、朱、赵等姓氏（见表 1-6）。

表 1-6 恩和村人口姓氏统计

单位：户，人

姓氏	户口数	人数	少数民族人数	姓氏	户口数	人数	少数民族人数	姓氏	户口数	人数	少数民族人数	姓氏	户口数	人数	少数民族人数
刘	32	102	42	付	4	12	7	樊	2	5	1	阮	1	3	2
王	26	78	28	白	3	12	7	吴	2	6	5	黄	1	3	2
张	25	78	22	兰	3	8	6	杜	2	5	2	田	1	5	0
李	22	59	22	滕	3	11	10	丁	2	7	3	邹	1	3	0
孙	14	37	9	郎	3	7	2	陶	2	5	1	刑	1	4	2
曲	9	29	16	于	3	9	2	陆	1	3	3	魏	1	3	0
陈	9	24	4	许	3	9	5	卓	1	3	3	常	1	4	4
董	8	28	9	闫	3	12	3	林	1	3	3	邓	1	3	1
朱	8	22	14	冯	3	9	2	代	1	3	4	马	2	3	0
赵	7	19	3	韩	3	6	1	牛	1	4	3	唐	2	3	0
果	6	16	4	邢	3	6	1	金	1	3	0	战	1	3	3
宋	5	15	5	曹	3	6	5	程	1	3	3	米	1	4	4
周	5	14	5	包	3	5	7	高	1	3	4	沈	1	3	2
蒋	5	16	0	吕	2	10	0	修	1	3	4	毛	1	3	0
徐	5	15	3	姜	2	4	0	孟	1	3	4	祝	1	5	1
裴	4	9	3	崔	2	6	0	史	1	2	2	左	1	3	1
任	3	11	5	肖	2	8	0	何	2	4	2				
杨	4	9	3	袁	2	4	0	姚	1	1	2				
郭	4	13	5	冀	2	4	1	芦	1	1	2				

七 人口文化程度及语言使用情况

(一) 人口文化程度

2008年我们调查了该村90户14岁以上(含14岁,14岁以下人口均在接受教育,无辍学者)258人的文化程度,发现其中初中文化程度的人最多,有135人,占调查人口的52.3%,除50岁以上的人小学文化程度者居多外,其余年龄段初中文化者占多数(见表1-7)。

表1-7 人口文化程度构成(258人)

单位:人,%

文化程度\年龄组别	14~20岁	21~30岁	31~40岁	41~50岁	50岁以上	合计	百分比
文盲	0	0	0	0	16	16	6.2
小学	2	1	4	3	27	37	14.3
初中	16	34	30	40	15	135	52.3
高中	2	7	7	11	5	32	12.4
中专	2	5	16	2	1	26	10.1
大专	2	5	1	0	0	8	3.1
本科	0	3	1	0	0	4	1.6
总计	24	55	59	56	64	258	100

从调查结果看,恩和村的文盲和小学文化程度的人数集中在50岁以上人群中,50岁以下人口基本都达到了初中以上文化程度,说明随着社会的发展,恩和村人口的文化程度也在逐步提高。

现在恩和村村民的经济条件好了,思想观念也转变了,非常重视对子女的文化教育,适龄儿童均能及时上学读书,许多家庭把子女送到拉布达林、海拉尔等教育条件较好的地方接受中小学教育。

(二) 语言使用情况

恩和村村民使用的语言主要是汉语和俄语,以汉语为日常主要用语。恩和村的汉语日常口语有许多与俄语、蒙语、满语等相互渗透融合,借用语较多,来源于俄语发音的词最多,例如:

"西米丹"来源于俄语"семитан",是牛奶上面的凝结物,汉语称"奶皮子";

"笆篱子"来源于俄语"полиция",意为"警察局",现在泛指监狱,如罪犯被逮捕、被判刑都说是"蹲笆篱子";

"卜(bǔ)留克"为俄语"брюква",样子像圆萝卜,多做为风味小咸菜;

"列(liě)巴"为俄语"хлеб",意为"面包";

"维德罗"为俄语"ведро",是"水桶"的意思;

"苏伯汤"为俄语"суп",意为"肉菜汤";

"布拉吉"为俄语"платье",意为"连衣裙";

"马神"为俄语"машина"的音译,意为"机器"。

也有来源于满语的词,例如:

"嘎拉哈(hà)"是满语词,又称"嘎什哈",它是猪、羊、狍、黄羊等的后腿膝盖骨,俗称"背式骨",学名"髌骨",是儿童和妇女的一种玩耍物,人们都叫它"嘎拉哈",如弹"嘎拉哈",掷"嘎拉哈",抓"嘎拉哈"等。

"秃噜"(tūlu):满语,表示做事半途而废或爽约:定下来的事,就不能让它"秃噜"。

来源于蒙语的词如:"芒格儿",是一种野菜,样子、味道如韭菜,但叶子比韭菜叶宽厚、颜色浅,无汉名;"达哈(hà)":意为宽大的披风,为羊皮制品,现在通称"皮达哈";"老嘎达"指家中排行最小的孩子,"嘎达"是"排行最小"的意思。

占村民人口近半数的华俄后裔的语言在不同时期具有不同的特点,显示出阶段性。第一、二代华俄后裔都能熟练地使用汉、俄两种语言,汉语是以山东、河北方言为主,第三、四代华俄后裔的普通话说得特别娴熟,而俄语几乎被遗忘了,只能听懂一些但不会说。

受汉、俄两种语言的影响,在村里有时能听到两个俄罗斯族用俄语和汉语混杂交谈,前半句是俄语,后半句是汉语,或者相反,或者汉语中夹杂俄语词,比如:"Я ходила(我去)刷房子"。"у нас нет(我们没有)手机"。在入户调查中我们发现,恩和村的俄语也受汉语发音的影响,许多音调汉化,具有东北汉语方言的音调,比如:信奉东正教的家庭都供耶稣像,他们称其为"伯赫",是俄语词"бог(上帝)"的音译。我们在一位果姓俄罗斯族老人家里住了几天,她的俄语很好,每晚都给我们讲当地以及俄罗斯族的风俗习惯,她给我们讲述时汉语、俄语穿插着用,讲到俄罗斯族丧葬和婚俗时她多次提到"伯赫"这个词,起初我们都以为是个什么物品,后来让她解释才知道是指供奉的圣像。另外村里的华俄后裔大都有俄语名字,老年人说出来还很地道,50 岁以下的人说俄语则带着明显的中国东北地方音调。

由于历史上所受到的歧视,特别是"文化大革命"期间,华俄后裔家庭中老人自己不敢明说俄语,更不敢让孩子学习和掌握俄罗斯语言,导致现在能听懂或能说俄语的人越来越少。恩和农牧场虽然曾建有民族学校,但学校没有开设俄语课程。现在恩和境内的俄罗斯族完全读汉文,仅有少数人懂俄语（见表1-8）。

表1-8 俄罗斯族及华俄后裔俄语使用情况（150人）

单位：人，%

语言能力 \ 年龄组别	5~20岁	20~30岁	31~40岁	41~50岁	50岁以上	百分比
能听、说、读、写	4	6	1	0	1	8.0
熟练听说	0	0	0	3	24	18.0
一般听说	0	2	2	11	2	11.3
能听懂一些	2	5	10	15	3	23.3
完全不懂	24	17	17	1	0	39.3

　　我们调查了村里150位华俄后裔，分5个年龄段，每个年龄段抽查30人，分5项内容调查俄语语言程度。能听、说、读、写的有12人，占8%，主要是18~30岁之间的年轻人，他们都是通过学校教育学会俄语的，有的是中学学过俄语，有的是上大学时学过俄语，有3人在长春俄语专修学校学俄语，3人在俄罗斯。熟练听说指的是能熟练地用俄语进行听说交流，但不识文字，这部分共27人，占18%，集中在50岁以上的第一代或第二代华俄后裔的人群中。他们能操一口流利的俄语，语音语调也比较地道，他们的俄语都是从小自然习得的，这些老年华俄后裔在村里彼此交际常用俄语，但他们文化程度偏低，基本上不能够阅读俄文书籍和书写。具有一般听说能力的有17人，占11%，这部分人主要是40~50岁的，他们出生于"文化大革命"前后，当时迫于政治形势，他们的父母及祖父母都不敢公开说俄语，俄语的自然环境就失去了，因此，他们只能一般地听和说些日常用语。能听懂一些的有35人，占23%，以35~50岁之间的人为多，受"文化大革命"的影响，家里不敢让他们学说俄语，但还是能从父母那儿耳濡目染学到

一点，能听懂个别日常用语的一些单词，生活中只用汉语进行交际。完全不懂俄语的有 59 人，占 39%，集中在 40 岁以下的人群中。

综合恩和村俄罗斯族及华俄后裔的语言调查材料，我们发现，该村的主体语言仍然是汉语，俄语的使用基本上限于 50 岁以上的人群，出现了民族语言断代现象。我们又对恩和村原乡长曲德欣家进行个案调查，个案中的家庭人口文化程度及语言使用情况具有典型意义（见表 1－9）。

表 1－9　恩和村曲德欣家庭人口文化程度及语言使用情况个例

姓　名	民族	关系	俄文名	几代华俄后裔	文化程度	使用俄语情况
曲洪生	汉	太爷爷	Василий	1957 年去世	文盲	熟练听、说
安西妮娜	俄	太奶奶	Анна	去世	小学	熟练听说读写
曲长山	俄	爷爷	Иван	一代	小学	熟练听说读写
曲德欣	俄	—	Виктор	二代	高中	一般听说
路玉莹	汉	妻子	—	—	初中	不懂
曲波	俄	儿子	Сережа	三代	本科	听懂个别词
王晶	汉	儿媳	—	—	初中	不懂
曲路	俄	女儿	Ира	三代	专科	听懂个别词
曲泽良	俄	孙子	—	四代	额市一小学前班	不懂

我们对华俄后裔进行访谈时，都会问道："现在如果有条件，你们会让孩子学习俄语吗？"百分之百的人回答"如果有条件一定会让孩子学俄语"，看得出他们对俄语的认同度还是很高的。

第二章 经济

第一节 农业

恩和村的农业生产采用集体经营的方式,村民个人不承包土地,而是在恩和农牧场的统一管理下集体劳作,年终以收成的好坏及各自所从事的工种为依据领取工资。因此,要了解恩和村农业发展的历程,须以恩和农牧场为参照。

一 恩和农牧场概况

(一) 自然概况

恩和农牧场辖区面积3000平方公里,全场耕地面积20万亩,年播种面积13万~14万亩。全场草原面积79.5万亩,可利用草场12万亩,皆为纯天然零污染优质草场。草原植被以小叶樟、大叶樟、碱草等禾本科植物为主,覆盖度为60%~70%。

年平均气温-3℃,无霜期为90天左右,土壤属黑钙土质,腐殖质含量为5%~7%,适宜种植小麦、大麦、燕麦、油菜、马铃薯、甘蓝等农作物。

第二章 经济

（二）历史沿革

1937年5月日本侵略军以清边为借口，强行将原居住在杰列灭聂亚、水磨、七卡、九卡、瓜地屯的人家迁到戈拉湾、伊里尼斯（向阳屯）、格达拉（自兴屯）落户。这些人以耕地和饲养牧畜为主，1949年前都为个体经营，到1949年新中国成立后，有了互助组，扩大了生产规模，逐步发展为常年互助组的形式。在此基础上于1953年成立了爱国社、团结社和常年互助组，又于1956年合作成立了高级社，1958年10月高级社的劳动力加入苏沁牧场第三分场，1963年3月三分场与七卡生产队从苏沁牧场划出，成立恩和牧场，隶属于海拉尔农牧场管理局，1965年3月22日，额尔古纳旗人民委员会批复了恩和牧场的生产范围和土地使用权限。

1992年，恩和牧场全体职工与牧场签订劳动生产合同，成为合同工。职工开始缴纳养老保险，凡签订劳动生产合同的职工，养老保险由本单位按比例承担一部分，个人承担一部分。

2004年，海拉尔农牧场管理局改制为海拉尔农垦（集团）有限责任公司，恩和牧场更名为恩和农牧场。恩和农牧场成为该公司下属的一个分公司，并按《公司法》进行了改革。原农牧场职工进行了身份置换，置换身份553人，置换金588万元，未置换身份的有147人。有453人入股，入股金额479.2万元，100人买断。分公司新招聘员工336人，其中管理人员48人，占新招聘员工人数的14.3%。分公司设6部1办，下设5个农业生产队。原招待所、电视站、食堂、医院全部进行独立核算。

2006年1月恩和农牧场归属额尔古纳市管理。全场总人口2498人，由俄罗斯、汉、蒙古、满、回、达斡尔、鄂温克等 7 个民族构成。现有在册职工 646 人，在岗员工 366 人，离退休人员 194 人，党员 144 人，遗属 64 人，享受补贴 127 人（其中医保补贴 97 人）。场机关设生产科、财务科、供销科、审计科、行政办、综治办、畜牧科、劳动人事部、项目办、政工部。正科级 9 人，副科级 9 人，科员 13 人，俄罗斯族 7 人，大专学历 4 人。农牧场共有 5 个生产队，1 所医院，5 个基层卫生所，1 个有线电视站。其中 2 个生产队坐落在额尔古纳河畔，与俄罗斯隔河相望，边境线长达 80 公里。

现在全场总资产 6739 万元，总负债 5923 万元，拥有大中型机械近 200 台，机械总动力 8986 千瓦，农业生产全部实现机械化作业。

二　农作物种类、播种面积与产量

（一）农作物的种类

恩和因所处地区为高寒区，年无霜期仅为 80～90 天，无灌溉水利设施。据恩和农牧场的王书记讲，无法灌溉的原因有三：（1）耕地面积过大，在现有技术条件下无法完成，另外对地下水的需求量过大，有可能造成水资源的浪费；（2）该地冬季气温低，有时达零下 50 摄氏度左右，对水利设施可能造成破坏；（3）建立大规模的水利灌溉系统所需资金数额巨大，仅靠企业无力承担。基于以上原因恩和农牧场以种植生长周期短、耐旱农作物为主，1939 年建恩和屯时，农牧场便开垦荒地种植小麦、大麦、燕麦、马铃薯、甘蓝等农作物。20 世纪 80 年代以前牧场里大规模种植的主要以小麦、大麦、燕麦为主。20 世纪 80 年代后期开始引进经济作物油菜，告别了单独种植粮食作物的历史。随着生产技术的进步，人们开始采取药剂拌种防治小麦丛矮病，全施化肥，化学灭草，引进优良品种等方式提高单位面积产量（见表2-1）。

表2-1　2008年恩和农牧场主要农作物的品种

作物	品种	产地	特点
小麦	龙麦30	黑龙江	早熟强筋小麦品种，幼苗直立，成穗能力强，抗倒伏
	160	宁夏	弹性好，抗倒力强，较耐旱，成熟早
油菜	青扎"2"	青海	产量高，抗逆性好，熟期短
	青扎"3"	青海	产量高，搞逆性好，熟期短
大麦	甘匹"4"	甘肃	产量高，抗逆性好，熟期短
	垦"7"	黑龙江	产量高，抗逆性好，熟期短

（二）农作物的播种面积与产量

恩和牧场最早有关播种面积与产量记载的是1956年，耕种面积为1万亩，种植作物为小麦。1963年，全场播种面积为1.30万亩，其中播种小麦0.57万亩，大麦、燕麦0.73万亩。1956~1985年间全场播种面积逐年增加，最多是在1982年，全场总播种面积为66223亩。1986~1988年农作物的播种面积与产量逐年提升（见表2-2、表2-3）。

表2-2　1986~1988年恩和牧场小麦、油菜生产情况

年份	总面积（万亩）	面积（万亩）		总产（万公斤）		单产（公斤）	
		小麦	油菜	小麦	油菜	小麦	油菜
1986	4.9	4.1	0.8	476.7	11.9	117	26
1987	5	4.42	0.55	619.9	34.1	139	62
1988	5	4.77	0.2	712.7	7.5	146.4	75

表 2-3　1990~2000 年恩和牧场主要产品播种面积及产量

	单位	1990 年	1991 年	1992 年	1993 年	1994 年	1995 年
年播种面积	万亩	6.999	7.1	7.5	6.599	6.199	6.58
粮豆面积	万亩	6.6	6.8	7	3.4	3.199	4.78
单　　产	公斤	172.3	183.8	198	205.9	288.1	364.6
总　　产	吨	11370	12500	13650	7000	9217	17414
油料面积	万亩	0.399	0.3	0.5	3.199	3	1.8
单　　产	公斤	62	112.67	108	53	40	48
总　　产	吨	246	338	540	1687	1207	863

	单位	1996 年	1997 年	1998 年	1999 年	2000 年
年播种面积	万亩	7.699	11.5	8.52	10.02	9.59
粮豆面积	万亩	7.5	11.3	6.02	7.02	2.49
单　　产	公斤	334.4	306.7	34.39	247	174.49
总　　产	吨	25080	34665	20550	17340	4360.4
油料面积	万亩	0.1995	0.1995	2.5	3	7.09
单　　产	公斤	100	150.2	73.34	110.6	158.79
总　　产	吨	200	299.6	1834	3318.2	11259

三　相关农业技术变迁情况

（一）动力变迁

20 世纪 70~80 年代末主要的农机器械是拖拉机，以"54"型为主，20 世纪 90 年代开始有"802"型。近两三年引进了轮式机车，主要型号有"1202"、"1204"、"1252"，新型农业机械使耕作效率进一步提高。农业机械由额尔古纳市统一定点（海拉尔铁迪公司）购买，国家给一定的购机补贴。

1979 年呼盟国营农牧场管理局（以下简称局）机电处与有关单位组织引进了美国约翰·迪尔公司的牧业机械设备，具有当时的国际先进水平。之后又相继引进意大利、南斯拉夫、罗马尼亚、民主德国等国家的农、牧业机械设备，从而加快了全局各项建设的步伐。1982 年，局机电处有关单位组织引进了罗马尼亚制造的 C-12M 联合收割机、民主德国制造的 E5-12 联合收割机。1988 年，局机电处和物资供应公司与有关单位联系引进 ISO-2.5 型深松联合耕作机和民主德国制造的 ET-323A 型四轮驱动 100 马力的轮式拖拉机。1988 年 6 月 27~28 日在上库力农场召开了全局新机具现场演示订货会。拉布达林农牧场在 1988 年用 300 万元购置了大型谷物联合收割机 20 台、大型载重汽车 9 辆、其他各种机具 200 余件，从而提高了标准化作业水平。1988 年，全局农机具总投入 1423.05 万元，引进推广机具 10 余次，新增各种动力机械 581 台，各种农机具 684 台。1989 年订购苏联叶尼塞—1200H 型联合收割机 70 台，折合人民币 280 万元，为全局的机械更新换代提供了保障。1991~2000 年恩和牧场购置了大中型拖拉机、联合收割机、载重汽车等，机械化的程度有了进一步提高，动力机械与配套机具数量均有较大幅度的增加（见表 2-4）。

表 2-4　1991~2000 年的农业机械购置的基本情况

单位：台

机械 \ 年份	1991	1992	1993	1994	1995	1996	1997	1998	1999	2000	合计
大中型拖拉机	0	2	0	0	0	0	2	3	0	0	7
联合收割机	2	2	0	0	1	0	0	0	0	0	5
载重汽车	0	0	1	0	0	0	0	0	0	0	1
其他机械	34	26	1	24	28	0	14	33	2	0	162
清粮机	0	4	0	0	0	0	0	0	0	0	4
播种机	0	8	0	5	0	0	0	0	0	0	13
推土机	0	2	0	0	0	0	0	0	0	0	2
烘干机	0	2	0	0	0	0	0	0	0	0	2

截至 2008 年，全场已拥有大型收获机械 25 台；播种机 35 台，其中免耕播种机 12 台，2007 年新增免耕机 5 台；整地配套机械 33 台（套），其中轮式整地机械 8 台（套）；灭草（灭虫）机械 19 台。

（二）粮油储存与晾晒

上百万公斤的粮食，如何烘干、储存是农牧场要解决的大问题，相应的场地与设备的更新是农牧场技术进步的体现，从最初的土晒场到现在的水泥晒场和烘干处理，前后经历了一个大的变迁，减少了许多不必要的损失。

20世纪80年代以前，恩和牧场基本没有硬化的水泥晾晒场地，每年需晾晒的粮食，均在土地上翻晒，借助日光的直接照射及自然通风降低水分。这种方法晾晒进度慢，100万公斤的粮食差不多要晾两个月。20世纪80年代末牧场开始建造水泥地坪，1991年已有水泥晒场2189平方米，到2000年水泥晒场面积已近7万平方米（见表2-5）。

表2-5　1991~2000年晾晒棚、水泥晒场的面积

单位：平方米

场地＼年份	1991	1992	1993	1994	1995	1996	1997	1998	1999	2000	合计
晾晒棚	0	2500	0	0	0	3240	792	0	0	0	6532
水泥晒场	2189	0	7500	0	3204	14140	11692	17565	12647	0	68937

截至2008年，全场共建有水泥晒场118600平方米，其中晾晒棚面积8080平方米，同时建有粮油烘干设施两处，每次烘干处理粮油6.5万公斤，贮存量38万公斤，为高水平收获、降低田间损失创造了条件。

四　春种与秋收

（一）春种

从种植种类来看，恩和地区早些时候大规模种植作物的品种较为单一，主要是小麦和油菜。据恩和农牧场的生产科王科长讲，20世纪70年代小麦种植面积为1.34万亩，

80年代增长至5万亩，90年代为10万亩，2005年引进大麦的种植，现在种植面积为4万亩。从销售上看，油菜籽主要运往南方，早些年为1.8元/公斤，2007年为3.96元/公斤。小麦主要运往拉布达林面粉厂，早些年为0.4元/公斤，2007年为1.2~1.4元/公斤。大麦主要运往海拉尔啤酒厂，作为酿酒原料，价格近几年均为2.4元/公斤。

除大麦价格相对稳定外，小麦、油菜价格受市场影响很大，因此也直接影响三种作物年种植面积，三种作物实行轮作，据市场行情而定。

春天播种的地一般在上一年的秋季翻好，从播种时间来看，小麦最早在5月初，油菜在5月10日左右播种，大麦在5月末播种。从选种来看，大麦、小麦多自己留种，因购买种子太贵。为了保证产量，油菜种子全部从外购进。三种作物从播种到发芽大概为15~20天，油菜在苗期要施一些尿素作为底肥，尿素大多购自重庆。小麦在发芽后使用叶喷微肥，剂量与种类由生产队的农业技术员在实验后决定。

春种的第二步是灭虫。对付虫害的办法，可分为两步。第一步播种前的预防。为了防止虫害，多将药物拌在种子里，小麦多使用干粉种衣剂，大麦是敌委丹和干粉种衣剂，油菜多有专用种衣剂。这些均起预防作用，在育苗期用以防菌防虫。第二步成长过程中的灭虫的预防。从种子发芽到成熟前也多受虫害的影响。恩和农牧场常见的害虫有六种：小菜蛾、草地螟、青虫、甘蓝夜蛾、菜螟、芽青虫。对于这些害虫用机械喷洒农药解决，时间多在幼苗期进行，原因有两个，一是苗长高后，机械作业碰倒的苗长不起来。二是喷洒太晚会对果实留有药害。喷洒农药的花费视虫害程度而定，以2008年为例，一亩油菜花费16~17元，小

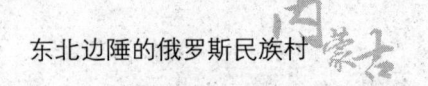

麦、大麦每亩的花费 1~2 元。

灭草也是生长季节的大事。灭草多用机械喷洒灭草剂的办法，常用的灭草剂有苯磺隆2.4滴丁酯、油菜高特克、逐级苯磺隆、龙拳等。一年两次灭草，第一次在6月初。大蒿子、灰菜、野油菜等无法通过灭草剂清除，主要靠人工拔除，时间在6月末7月初进行，人员主要是生产队、机关的工作人员，前后持续10天左右。

（二）秋收

秋收的正常时间是8月中旬，最先成熟的是小麦，果实泛黄时开始收割。有时在8月10日左右小麦已经旱死，收割时间就要相对提前。大麦和油菜在8月末开始收割，有时根据长势收割时间也可能推后。过去割倒后的庄稼在地里晾晒40天左右，逢雨季会造成不必要的损失。现在采用联合收割机收割，可直接脱粒。

在粮食收割完毕后，粮食的晾晒与储存也是大事。以前粮油进场用的都是土晒场，阴天下雨容易发霉，现在恩和农牧场建成了水泥晒场和晾晒棚，粮油清完后装袋入晾晒棚保管，露天存放的有大苫布苫盖，大大降低了粮油的损失率。全场共建有水泥晒场118600平方米，其中晾晒棚面积8080平方米，同时建有粮油烘干设施两处，每次烘干处理粮油6.5万公斤，贮存量38万公斤。

第二节　养殖业

一　养殖业种类

恩和地区水草丰美，具有适于养殖的自然环境，所以自恩和牧场成立之始，就已经有了牲畜的养殖。早期的饲养主要靠放养为主，秋季打草，冬季圈养。随着牧场人数的增加，分给村民牧场的规模有所扩大，但牧场面积和人力投入有限，所以养殖的规模始终不大。从养殖种类上看，主要有羊、牛、马、猪、鸡、鹅、兔等，其中可称得上规模的是马和牛，马主要为三河马，牛是黑白花奶牛，近几年开始引进高产奶牛。饲养条件也相应发生了变化，冬季开始出现暖房，据畜牧科阎科长讲，现在恩和村牲畜头数为：牛1080头，马70多匹，羊200多只，兔400多只，鸭鹅共3000多只。

（一）养羊

恩和村村民很少养羊，据村民讲，村中最早养羊的是从哈尔齐嘎搬至恩和的蒙古族牧民，有两三家，每家养三四十只羊，主要以卖肉为主。后来他们在牧场有了稳定的工作后，羊也逐渐不养了。进入20世纪80年代后，村中养羊的不过两三家，每家三四只，当时羊的价格很低，一只25公斤的羊为15元。2008年10月份我们在村中调查时，未发现有养羊的农户。据牧场的阎科长讲，养羊主要是卖肉，而饲养方式主要以放养为主，夏天水草相对丰茂，羊也比较肥胖，进入冬天草木枯黄，无处放养，饲养成本相对提高。为了节省开支，很少喂料，羊瘦得快，另外成活率很低，这样导致养羊的支出和收入不成正比，因此村民养羊的兴趣不高。

（二）养牛

相对于养羊，养牛在恩和历史较长，"文革"以前就开始养牛。当时主要是政府给俄罗斯族的扶贫牛，一家只分一头奶牛，有大有小，所产奶均为自家食用，多用来做奶油、希米丹、列巴、奶粥等。一些奶食品的制作需用到牛奶分离机,当时不是每家都有分离机,没有机器的人家多以牛奶作为补偿,去有机器的人家加工。

村民最早开始养牛是替农牧场养,即农牧场把牛给各家饲养,各家以一定的标准向农牧场供应牛奶、希米丹等。据村民讲,过了几年,政府以"割尾巴"为名,又将牛收回了。

据长期从事养牛的村民王玉荣讲,1986年他家买了一头牛,当时花了800元,所产奶多运往拉布达林乳品厂,当时奶价为1元钱/公斤,过几年为1.3元/公斤,夏季为0.7~0.8元/公斤。

2006年,牧场为平衡所占草场,开始按人头分配草场。自雀巢公司在恩和村建立奶站后,牛奶输出有了固定的渠道,养牛的户数增加,牛总数增加,但各家均数未发生变化,现在村中一家养牛最多的7~8头,最少的2~3头。

1. 牛品种的变化

村民最初养的牛来源有两个:一是牧场淘汰的牛,另一个是牛贩子手里买的牛。当时养牛并不是主要的收入来源,由于原奶价不高,又没有固定的销路,所以人们对奶牛的品种和产奶量并不是很重视,一头牛一天产奶10公斤左右。近几年雀巢建立固定的奶站后,养牛户开始增加,人们同时也开始关注牛的产奶量,有的奶农去牙克石、黑龙江等地运回高产奶牛,牛的品种也因此发生变化。

从交配产犊上看,2002年以前村里实行本交,有的人家专门养牤子用来交配,交配一次的价格为50元。在品种改良上,恩和牧场也起到了很大的作用,1970~1985年,畜牧业归恩和牧场管理,采用选精配种的方式,选优质种牛采精，给母牛授精，当时的种牛由畜牧管理局调配。1985年后牧场进行改革，将牛作价卖给农户，分户饲养。由于这种做法牧场从中基本不受益，个人经营效益又差，当时日产奶在10公斤左右，仅够养活小牛之用，品种改良也就基本停止。1994~1995年畜牧公司解体，恢复两年冷配的实验，结果由于技术上的不纯熟受胎率低，冷配再次停止，又回到本交状态。1998年场里开始整顿，培养专业的人才，从谢尔塔拉引进种公牛，至2002年恢复冷配，采用人工授精，主要从黑龙江、加拿大引进萧斯坦牛，与三河牛交配进行品种改良。2006年恩和农牧场归额尔古纳市管，品种改良由畜牧局兽医站管理，并于当年启动良种补贴项目，由畜牧局统一从黑龙江选购荷斯坦黑白花奶牛作为改良品种。为鼓励奶农选优质授精管，凡购买50元授精管的由场里补贴15元，若一次不能授精，可以免费再授，用优质良种妊娠的牛可以补贴500元，另外购入奶牛在4吨以上的，场里可以补贴1000元。过去老百姓不认可品种改良，现在改良后的牛奶产量可达到一天20公斤左右。人们从中得到了很多的实惠，品种改良也被人们接受，恩和村奶牛品种改良取得了很大的进步。

2. 产奶

早些年，一头牛每天产奶量在10公斤左右，主要销往拉布达林乳品厂，随着品种的改良，高产奶牛的引进，现在奶牛的日产奶量为15~20公斤，主要销往雀巢公司，该公司在恩和设有奶站。据2008年对奶站的调查，夏季奶价为每公斤2.5元，冬季为每公斤3.0元。奶站在收奶时有验奶设备，据奶农讲，每隔一段时间，奶站会反馈给奶农牛奶的质量，其中有两项指标非常重要，一个是亚甲蓝的个数和是否有冰点,如果亚甲蓝的个数超过4个或出现冰点奶站将停止收购该奶农的牛奶。

挤奶的工作是人工来完成的,先将奶牛乳头擦洗干净,然后用奶站统一发放的奶罐来接奶,每头牛每次需要10分钟左右,夏天产奶量高,要挤两次,上下午都是5点,冬季吃干草产奶量相对低,也在5点左右。夏季挤奶要用井水拔凉,奶站拒收热奶,夏季最多时挤四次,随着临近冬季产奶量减少,挤奶次数也会减少,另外夏季挤奶时间很重要。

图2-1 人工挤奶

(三) 养马

在无农业机械时,马是耕地拉粮的主要畜力,此外恩和村养马的主要用途是拉桦子,因当地人以烧桦木桦子为主,以爬犁为运输工具。当时场里有专门的农建队,负责给各个家属送桦子,以供做饭或取暖用。马是主要拉桦子的畜力,所以养马过去是很普遍的,农建队解体后,为自家生活所需，各家也养马，至2000年开始禁伐，养马的人越来越少，桦子也不再是主要的燃料。

村里专门养马的人数不多，现在有4家。每家养马10~20匹，主要来源是从村子里不愿意继续养的人家购买，基本是以血统不纯的三河马为主；另一个来源是从马贩子手里购买。养马种类按用途可分为两类：一类是用于骑的马，另一类是用于拉套的马，前一类马多卖给过往的游客，后一种马多卖给贩马的外地人，用于骑的马价钱在6000元左右，用于拉套的马价钱在8000~10000元，据品种和体形的不同，价钱也会稍有浮动。从饲养方式上讲，主要是放养，村里的养马户均在山里面有固定的放养点，雇用专人放养，雇主过几天去牧点看一次，查看马的饲养情况。

（四）养鹅

村中有两户养鹅的，数目在200只左右，恩和农牧场对养鹅户有一定的补贴政策，雏鹅由养鹅户自己购买，出售成鹅时，每只由牧场补贴8元钱。恩和村两个养鹅户均非牧场职工或家属，所以并不享受补贴待遇。这两户是从2008年开始养鹅的，我们访谈时正值出栏时期，还未找到销售出路，村里养鹅业刚刚起步，是村民寻找发家致富的一种尝试。

二 饲养方式

1. 放养

饲养方式以放养为主，冬季无草时施行短期的圈养。起初养殖户并不多，草场面积足够放养之用，后来随着养殖户增多，草场面积相对不足，人们就开始乱占草场，秩序有些混乱。2006年，牧场组织测量草场并按人头重新划分草场，采取抓阄的方式。牧场可以打草的草场总计12万亩，将草场划定范围并标号，统一抓阄决定归属。按人员与农牧场的不同关系可分为三类，第一类是退休的牧场工人，每人可分得两份，合计17亩草场。第二类是下岗又被重新聘回的职工，每人可分得四份，合计34亩草场。第三类是年满十八周岁的牧场工人家属，每人可分得草场两份，合计17亩草场。这样分配的草场基本合理，同时也限定了养殖的规模。

村民自己的草场是不用来放牧的，主要用来打草储备过冬之用。整个牧场共计有24个放牧点，放牧点的草场为每年1.5元/亩，主要是为养殖户提供放牧的场所。另外草场的农户最多养殖3~4头牛，每家不可能出劳动力来放牧，大多是几家合雇一人专门放牧，放牧一头牛一天的费用是1元，放牧多在免费的公共牧场，一般多在远离村庄的深山里，雇主一般一星期左右到牧点去查看一下自己的牛，有的半个月左右才去看一次。雇用的放牛人基本上是本地人或者是熟人，以防止牛被偷走。据我们进村搭乘的汽车司机讲，村里面曾经发生过这样的事情，放牛的人将牛赶走卖掉逃跑了，最终人们也没有查到下落，损失很严重。也有的农户不养牛，则把草场租给他人打草或自己打草用来出售，出租的价格为10元/亩。

2. 储草

恩和所处地区冬季较长，因此储备草料是养牛户的一件大事。过去未划分草场的时候，人们可满山遍野打草。自2006年划分草场以后，自己的草场不再用来放牧，专门用来打草。自家不够就租用别人家的草场，租金每亩10元，还可以到较偏远的公共草场打草做少许补充。打草一般在8月份左右开始。过去人工打草易延误时机，据村民王玉荣讲，他家曾有68亩草场，有过曾因收割较晚草被雨水浇烂的现象。现在每家都有专门用于打草的机器，先用割草机将草割倒，再用专门的耙子将草捆扎成圆柱形，捆好的草要盖上防雨布，以防雨水的浸泡。随着草逐渐干松，村民开始用车往回拉，截至10月中旬，大部分的草都已拉完。拉草多用四轮车，上面放着木制的宽4~5米，长6~7米的架子，在当地称为一本，一亩地产草数也以此作为计算标准。正常年景，一亩地产草4~5本，一头牛一天可吃0.4本。圈养的时间大约从10月份开始，到来年的5~6月。放牧的时间视年景而定，实际只要雪不是很大，还能看见草时就可以放牧。到6月份时草可以长到10厘米左右，就可以放养了。每年的4~5月，有少量的草可供放牧，这样可以减少对储备草的消耗，实际喂草的月份应该在6个月左右，按此计算，养一头牛要储备草72本，折合成草场为14亩左右。

图2-2 秋后的草场

自家草场基本不用维护,主要防止别人家的牲畜进入自家的草场偷食,影响打草量。鼠害也是影响产草量的一个重要因素,有一种当地人称为"洞鼠"的鼠类,一直是人们保护草场时重点防护的对象,这种动物会啃食草根,地面会隆起一个挨一个的土包,对草场会造成致命的破坏,每年由兽医站统一发药灭鼠。

旱灾是当地的一个重要灾害,草的长势直接受降雨量的影响,大面积的草场只能寄希望于"好年天景",人们没有抗旱的办法,据村民讲,2007年的雨水好,最好地段草长到了70~80厘米。近两年雨水不足,草能长到40~50厘米已经算不错的了。

三 牲畜疾病的防治

从1939年建屯至今,恩和已有70多年的养殖历史,因地处偏远交通不便,所以在牲畜疾病防治方面人们逐渐摸索出一些土办法,随着交通条件的改善和技术人才的引进,新的科学防治办法逐渐取代了土办法,所以将疾病防治分为土办法和现代方法分别予以介绍。

(一) 土办法

1. 治疗碰伤

牲畜碰伤是很常见的病症,牲畜碰伤后,由于没有用于治疗的药物,碰伤部位很容易腐烂化脓,经过人们长时间的观察,山上的草药"塔松"即当地人称的"酸白菜",对治疗碰伤很有效,采回"塔松"后捣碎成黏稠状,而后用盐水将伤口洗净,将糊状塔松涂至伤口处,多则三两天少则一天伤口就可痊愈。

2. 气胀

10月份左右，油菜收割以后，洒落在地里的菜籽经过一段时间的萌发很容易长出二茬油菜，在霜冻以前，这种二茬油菜是可以吃的，但在霜冻以后牛吃了这种油菜很容易引起气胀，这种情况在村里很常见，如果发现得晚，气胀严重会压迫其他器官导致牛窒息死亡。人们在发现刚刚气胀的牛以后，多在山上赶着牛跑，通过运动来促进消化达到治疗的目的，如果发现得晚，肚子膨胀牛开始趴卧时，多用针管在三角区插入通过排气来治疗，有时情况紧急用尖状物、刀子直接放气。

3. 防寄生虫

过去牛身上长癣、寄生虫，人们把"六六粉"装进沙袋在牛身上蹭，将粉末撒在牛身上用来杀菌除虫。

4. 治疗牛胃积食

牛由于吃了麦子或其他不易消化的食物引起食胀，人们采取的办法是用棍子穿上咸菜放在牛的嘴里面用绳子绑在牛的脖子上，从而促进牛的反刍不让牛趴卧，这对于促进消化治疗食胀很有效。

（二）现代方法

恩和有自己的兽医站，属于恩和农牧场。兽医站配备有主治兽医一名、助手两名、会计和药剂师各一名，过去放牧点远离村庄且不固定，兽医多骑马，随身携带望诊包，内装注射器、听诊器、体温计及一些配套的医疗用具出诊。

现在村中有占地100平方米的兽医站，内部主要设备有：冰箱、冰柜、显微镜、电子天平、望诊包、防疫包、医疗器械等。

常见病：

1. 气肿疽

俗称黑腿病，属传染性疾病，病症为肌肉厚的地方起大包，死亡率低，这在当时恩和村的医疗条件下，多注射"磺胺嘧啶钠"，一天注射两次。

2. 创伤性胸膜炎

轻微的采取输液消炎的办法，严重的做手术，恩和村尚无可以做这种手术的大夫，一般去拉布达林请有经验的老大夫做。

3. 流胃积食鼓气

轻微的吃一些健胃消食的药剂，用针管放气，严重的请大夫做手术。

4. 难产

手工助产，一般是牛犊生产时位置不对，人工将位置调整正常即可不用请大夫。

5. 胎衣不下

由于产崽时子宫收缩引起，采取的主要办法就是输一些助产的药物，人工用手剥离。

6. 营养缺乏症

营养缺乏症不易被发现，严重时牲畜一般趴卧，多采用输液打针解决，也有的人直接喂钙片。

7. 乳房炎

奶牛乳房炎发病率很高，20%左右的牛都会发生，输液、手术都可治疗。

典型养殖户个案

金伟，汉族，现年31岁。2007年11月28日与丈夫开办旅馆，一直在争取办家庭旅游，因条件不符，尚无结果。

2008年6月6日以2400元购买40平方米旧房一处，用于养鹅，初购雏鹅300只，重量在2~3两，每只价钱为13元，雏鹅需精心照料，在鹅棚里有自制的火墙供取暖之用，棚内装有电灯，长期照明，水不断，有人在鹅棚内昼夜看护。鹅长至1个多月时，可2天喂一次水，在喂养过程中需加入特制的饲料，饲料为3天一袋，主要从拉布达林远大饲料场运入，价钱为120元一袋，自己无车，每袋需加运费5元。草籽一天一袋，价钱为140元一袋。自7月开始至9月末，雏鹅已长至成鹅，一只成鹅在8斤左右，市场价为每公斤10元，但金伟家的鹅至今尚无销路，这一直是夫妻俩头疼的事。现在为了节省养鹅的开支，每天要到河边放养七八个小时，以减少饲料的消耗。金伟家养鹅全部由个人经营，不受政府任何扶持，养鹅技术是自己看书学的，防疫方面也是在实践中摸索，问及小鹅常见病症及治疗方法，他们说，小鹅常拉稀，得去拉布达林买"环丙沙星"治疗，本地兽医站无此类药物。瘫痪也是鹅的多发病，要多吃补钙的药，由于个人无养鹅经验，又无专业人员的指导，购进的300只鹅，现在只剩下150只，现在已过4个月的时间，还没找到鹅的销路。据金伟讲，鹅全部以每公斤10元的价钱出售，即使是全部售出也只能收回成本，半年多的人力投入是白搭了，保住成本就不错了。

第三节 旅游业

恩和村所属的乡是全国唯一的俄罗斯民族乡。近几年在政府的引导和支持下，依托于民族特点的旅游业取得了较大的发展。首先，政府出资组织俄罗斯族家庭出外考察，学习别人的经验，回来开办自己的家庭旅游。根据资金不足、设施不全的现状，政府拿出17000元扶持村民开办家庭旅游，在建成必要设施后村民每年向政府返还1000元，7年后不再返还。在最初几家家庭旅游取得一定成效后，其他村民也跃跃欲试。恩和农牧场在看到旅游业前景后也拿出资金扶持场职工开办家庭旅游，每户扶持资金1万元，无利息，不返还，其中条件有两个：第一，所发放的扶持资金必须用于建设必要的旅游设施如"木刻楞房屋"的修建、水冲厕所、独立浴室；第二，场里来人必须予以接待。在已开办家庭旅游的带动下，一些农户也逐渐着手兴办家庭旅游。

一 旅游资源

众所周知，旅游业的发展必须有相应的旅游资源做基础，旅游业的发展潜力也取决于旅游资源开发的前景，恩和村的旅游业虽刚刚起步，但其旅游资源的开发前景广阔。

1. 自然资源

恩和是国内较少的原生态未开发地之一，自然风光旖旎，村中有额尔古纳河的支流哈乌尔河流过，河水清可见底，河中有野生鱼类。村子三面环山，山上被野生林覆盖，其中90%为桦树林，桦树可分为白桦、黑桦两种。另有稀少的樟子松、马尾松。丛林中覆盖着厚厚的落叶，在白桦林深处可以采到木耳、猴头菇、白蘑、榛蘑。林中还有珍贵的药材，例如，大黄芩、小黄芩、百合、车前子、芍药等。野生实用植物有蓝莓、山葡萄、水葡萄、稠李子等。另外山里还有鹿、貉、貂、麝、狼、水獭、狐狸、熊等野生动物。

2. 民俗资源

居住在恩和的俄罗斯族至今仍保持着原始的俄罗斯生活风俗，其独特的生活方式及习俗都有别于汉族。家庭旅游通过俄罗斯族家庭的衣、食、住、行、娱乐等民俗文化，让游客真切体会到该民族独特的历史文化，了解中俄两个不同民族文化的交织与交融，体验不同的生活方式，成为大量游客聚集到恩和村的一个重要原因。

（1）木刻楞房屋。

俄罗斯族家庭至今仍居住着完全用木头建成的"木刻楞"房屋，屋内铺设木质地板，地板一般为黄色或蓝色。俄罗斯族素爱整洁，室内一尘不染，井然有序。另外，花是俄罗斯族必备的装饰，鲜花、艺术花多以艳丽为主要特点，俄罗斯族信仰东正教，每家都供奉东正教圣像。

图 2-3 木刻楞房屋

（2）列巴。

俄罗斯族的"列巴"是指俄罗斯风味的面包，"列巴"是俄语名称的音译，现在也有称"赫列巴"的，是最负盛名的特色食品，游客可以在这里观看并尝试制作列巴。最初，村民家都有自己的列巴炉，现在为了省时省力省钱，一些人已开始使用烤箱,列巴炉在村中渐渐少了,现在村中只有七八户还在使用列巴炉。最纯正的列巴是用桦树桦子在列巴炉中烤制而成的。在配料上以俄罗斯传统的"列巴花"为引子,吃列巴时还配有自制的果酱。恩和境内有各种野果,山上的野果成熟后,勤劳的俄罗斯族到山上采回野果,加入白糖自己熬制成各种果酱,主要有蓝莓、水葡萄、山丁子、稠李子等果酱。吃面包还可以涂上一些由牛奶提炼出来的希米丹,别具风味。来到这里还可以喝到俄罗斯族特有的"苏伯汤"、"红菜汤"。

图 2-4 制作列巴

(3) 俄罗斯族民俗馆。

恩和村于 2007 年建成国内首家俄罗斯族民俗博物馆。占地面积 2 万多平方米,建筑面积 560 平方米。全馆共有 3 个展室,分别为历史文化馆、自然馆和植物园,共分为生活区、渔猎区、生态区、民间艺术区等。馆内共有展品 5 大系列 600 余件,包括生产工具、生活用品、服装、照片等,囊括了俄罗斯族社会生活中的方方面面，是中国俄罗斯族生活史的生动再现。在渔猎区我们看到，这里展示了一些被捕猎到的动物标本，栩栩如生。有野猪、狍子、鹿和一些说不出名字的飞禽走兽，还有一些分工很细的捕猎用具，还原了俄罗斯族早期的狩猎文化。而生活区陈列着民族风格浓郁的俄罗斯族家庭陈设，包括生产工具、生活用品、服装、照片等。通过博物馆的形式对俄罗斯族的历史、文化和现状进行集中展示，不仅有助于整理和保护这一民族独特的民俗文化，也帮助游客更系统、更具体地了解俄罗斯族发展的历史文化，无论是从丰富和发展旅游业的角度还是从保护和传播俄罗斯族民俗文化的角度，都是一件很有意义的事情。

图 2-5 俄罗斯族民俗馆

二 旅游规模

1. 住宿规模及条件

旅游规模的大小可从其一次可容纳游客多少来看，为此我们在调查中统计了恩和村现有的旅馆数及家庭旅游户数。

另有几家旅店只在旅游旺季时开放,冬季一般不开放,因冬季要烧柈子,客人少,住宿费还不抵取暖费。

据我们入户统计,恩和村现有家庭旅游户23户,有床位220多个。因此从住宿规模上看,恩和村一次最多可容纳游客300人左右。

从住房条件看,各旅馆中都配有电视,多为旧式彩电,室内有闭路线,可收到各省市的节目,旅馆内无网线和电脑配备。各旅店有洗浴室、水冲厕所,多由政府和牧场投资修建,但该地冬季长,实际应用时间较短。一些家庭旅游户认为,水冲厕所在本地无法使用,一是气候条件影响,不能长时间使用;二是当地水层浅,废水不知该往哪里排放,处理不好会对地下水构成污染。在调查中发现,很多水冲厕所并未投入使用,大部分用的仍是自家挖的旱地厕所,不过可以肯定这里的厕所很卫生,均用模板搭成尖顶房,里面铺设木板,整洁程度不亚于水冲厕所。

家庭旅游都建有淋浴室,位置独立在院中,是由木头垒成的木刻楞小屋,尖顶,窗边镶有木刻花纹,附有木片雕刻成的装饰品,从外面看上去,美观精致,在村中只要能看见类似的漂亮小木屋,就可断定该户为家庭旅游,因为浴室是统一规格修建,很好辨认。屋内摆设尽量体现俄罗斯族的特点,桌椅均为手工木制,多雕以花纹并刷以俄罗斯族喜爱的颜色,地板多为木制。挂牌家庭旅游的家里大多配有电视,电脑,有的人家还联了网。

图 2-6　新式旱地厕所

从取暖上看，当地人多以火墙为主，兴办家庭旅游的农户多装有暖气，可以保证室内的温度。

家庭旅游户的另一个显著特点是庭院里都搭有木制的秋千架，旅游季节或节日期间架子用各种各样鲜艳漂亮的花进行装饰。荡秋千是俄罗斯族的娱乐活动之一。

2. 旅游季节及游客

恩和村所处地区冬季长，但冬季旅游资源基本没有开发，因此一进入冬季，旅游业就处于停滞状态。旅游季节主要集中在 6~8 月。游客来自国内外，比如来自香港、深圳、广东、上海，以及加拿大、意大利、新西兰、新加坡等地，其中来自北京的最多。

据千禧店店主蒋越耀讲,游客们睡得晚,有的在夜里11~12点还起来看星星,早晨6点半起来看日出。游客多从网上查到恩和村的俄罗斯族家庭旅游,做好日程安排,在恩和村住一晚的居多,有自驾的,也有包车来的。夏季草绿花红,小河流水淙淙,一望无际的草原,郁郁葱葱的白桦林,久居城市的人们更多的是看重这里的自然风光。呼吸一下新鲜的空气,体会一下回归自然的感觉。游客来到这里品尝俄罗斯家庭的饭菜,与俄罗斯族村民拍照留念,拍摄俄罗斯族的木刻楞房屋和一些俄罗斯人特有的物件,还有一些游客是来恩和搞研究的。由于俄罗斯族在中国的独特性,很多专家学者来到这里搞调研,与老乡们住在一起,亲身体验他们的生活,与老人攀谈了解俄罗斯族的发展历史。这样的游客每年也有很多,他们住的时间很长,都在半个月以上。进入10月份游客渐少,一般多是办事的人路过住店,此时家庭旅游的房价也由旅游旺季的每位50元降至15~20元。2008年以前,村中的家庭旅游并未出现客满的情况,据调查了解,2008年是旅游收益最好的一年,家庭旅游户在旅游季节收入近3万元,人们谈及此事称赞政府的宣传工作做得好,希望政府能在这方面做更大的努力扶持村里的旅游业。

三 旅游服务质量要求

随着旅游业的兴起和发展,对旅游业规范化的管理成为旅游局面临的问题,额尔古纳市旅游局经反复研究和专家认证,建立了整套比较成熟的家庭旅游准入规则,通过旅游、卫生、工商、税务、国土以及当地政府联合检查验收,对符合挂牌条件的家庭旅游户给予挂牌认证。同时将名单和价格传至各大旅行社,一方面为其宣传,另一方面确保家庭旅游市场的透明度。在统一规范的管理下,俄罗斯民俗风情家庭旅游的品牌将进一步做大做强。额尔古纳市旅游局制定了详细的《俄罗斯族家庭接待示范户服务质量标准》和《额尔古纳市家庭旅游服务质量等级评定评分标准》(见表2-6)。

《俄罗斯族家庭接待示范户服务质量标准》

家居住宿条件

1. 房屋主体为木刻楞,面积不少于60平方米,布局基本合理,庭院干净,种有花草树木,方便客人正常活动。

2. 根据当地的气候,有采暖制冷设备,各区域通风良好。

3. 有贵重物品保存服务。

4. 至少有4张床铺可供客人租用,床上用品干净整洁。

5. 装修得体,体现良好的民族特色,有软垫床、桌、椅等配套家具。

6. 室内有卫生间,装有抽水马桶、淋浴或浴缸。

7. 室外有俄罗斯式桑拿浴房可供客人洗浴并配有"禁止心脏病人、性病、皮肤病患者进入"警示牌,地面采取有效的防滑措施。

8. 房间有窗帘,室内布置有俄罗斯族的民族特色。

9. 有俄式列巴房,可供游客进行打列巴的参与性活动。

10. 有方便快捷的国际国内长途电话。

11. 有有线电视、VCD等设备。

12. 设置简易的旅游纪念品专柜。

13. 房间每天全面整理一次，隔日更换床单及枕套。客人离去后床单及枕套全部更换。

14. 备有用于参观的马车、马爬犁，供游人活动的秋千等民族体育设施及文艺乐器。

15. 有停车场和暖库。

餐饮条件

1. 服务人员有健康证，注重仪表，热情大方，礼貌待人，服务周到。

2. 有20人的就餐接待能力。

3. 以俄罗斯风味餐饮为主，为客人提供自制面包、茶点，也可根据客人需求提供其他符合客人口味的餐饮或者是中餐。

4. 家庭主人或主妇及服务人员能简单地用俄语服务。

5. 厨房用具摆放整齐清洁，符合饭店卫生标准，保证食品的卫生安全，无腐烂变质用料。

6. 红、白案分隔，粗加工与操作台分隔。

7. 餐具有消毒设施。

8. 采用有效的消灭蚊、蝇、蟑螂等虫害的措施。

9. 根据客人的要求可组织家庭舞会和俄罗斯歌舞表演。

10. 餐具有俄罗斯特色。

11. 餐具卫生干净，摆台规范，有西餐餐具。

活动内容及标准

1. 住宿30元/每人。

2. 餐饮。

①散团每人50元/每天。

②团组每桌450元（12个俄式菜肴、点心、面包、奶茶或咖啡、酒水）。

③可根据客人的口味安排菜谱和订餐。

菜谱：奶油土豆泥——肉丸子（鸡块、鸡腿、肉块） 28元

烤牛排、土豆 28元

烤鲤鱼（鲫鱼、鲶鱼等） 时价

番茄鱼（鲤鱼、鲫鱼、鲶鱼、白鱼等） 时价

酿青椒（尖椒） 22元

熏鱼、干烧鱼 时价

鱼肉拼盘（凉菜） 30元

鱼沙拉 18元

西红柿洋葱色拉 14元

甜菜沙拉 14元

水果沙拉 16元

大头菜鲜果沙拉 18元

苏伯汤 16元

红菜汤 16元

煎炸牛羊排 30元

牛肉饼 28元

（家畜肝脏心肺等）馅饼 2元/个

煎炸鱼块（鸡块、鸡脖） 时价

白菜卷 22元

嘎得列得炸土豆条 30元

奶油煎烤鱼 时价

面包、果酱、奶油、奶茶、希米丹 5元/人

3. 家庭"巴斯克"组团10人以上，根据客人的要求，有"古力乞"蛋糕、彩蛋、家庭舞会，收费500元。

4. 打"列巴"——主人准备好原料、面团。客人按自己意愿烤制自己喜欢的糕点、面包，每人20元，成品可根

据客人的要求按价带走。

5. 俄罗斯式桑拿浴每人10元。

6. 根据客人爱好教授日常俄语,免费。

7. 荡秋千,免费。

8. 教游客劈桦子,每人10元。

9. 教唱俄罗斯民歌,免费。

表2-6 《额尔古纳市家庭旅游服务质量等级评定评分标准》

序号	检查项目	最高得分	分档计分	自评得分	初评得分	检查得分
1	经营服务场地	80	—	—	—	—
1.1	生态环境	30	—	—	—	—
1.1.1	周边生态环境较好,与经营环境协调,具备乡村风情	—	8	—	—	—
1.1.2	周边生态环境较好,与经营环境协调,具备乡村风情,有一定特色	—	10	—	—	—
1.1.3	周边生态环境较好,与经营环境协调,具备浓郁的乡村风情,有特色,效果好	—	12	—	—	—
1.2	建筑结构及风情	30	—	—	—	—
1.2.1	房屋结构符合建筑安全要求,布局合理,有代表性	—	8	—	—	—
1.2.2	房屋结构符合建筑安全要求,布局合理,有代表性,具有浓郁的民族风情	—	10	—	—	—
1.2.3	房屋结构符合建筑安全要求,布局合理,有代表性,建筑风格独具特色,具有浓郁的民族风情	—	12	—	—	—
1.3	建筑面积、庭院建设美化、硬化工作	20	—	—	—	—
1.3.1	用于接待的建筑面积不少于80平方米,庭院有部分美化、硬化和绿化	—	4	—	—	—

续表

序号	检查项目	最高得分	分档计分	自评得分	初评得分	检查得分
1.3.2	用于接待的建筑面积不少于100平方米，庭院大部分美化、硬化和绿化	—	7	—	—	—
1.3.3	用于接待的建筑面积不少于120平方米，庭院全部进行硬化、美化和绿化	—	9	—	—	—
2	接待服务设施	110	—	—	—	—
2.1	餐饮设施	50	—	—	—	—
2.1.1	厨房和餐厅的布局合理，其使用面积应与接待能力相适应	—	5	—	—	—
2.1.2	厨房和餐厅地面需用地板或经过硬化、防滑，便于清洗	—	5	—	—	—
2.1.3	要符合卫生要求，生、熟食分开放置，分案操作	—	5	—	—	—
2.1.4	餐（饮）具、蔬菜及肉类的清洗、消毒要符合卫生要求	—	5	—	—	—
2.1.5	有消毒专用设备	—	3	—	—	—
2.1.6	夏季有冷藏、冷冻设施	—	3	—	—	—
2.1.7	厨房和餐厅内能及时通风和排烟	—	4	—	—	—
2.1.8	有完善的防蝇、防尘、防鼠设施且效果明显	—	5	—	—	—
2.1.9	污水要到指定地点处理，要保证附近空气中无异味	—	5	—	—	—
2.1.10	餐饮设施设备完好，能提供当地特色菜肴	—	10	—	—	—
2.2	住宿设施	35	—	—	—	—
2.2.1	家庭户的床位要与接待能力相适应	—	5	—	—	—
2.2.2	客房内配套设施与用具的配备较为齐全，客房被褥、枕巾等用品保持干净整洁，能做到一客一换	—	5	—	—	—
2.2.3	客房内标准房间数达到相应标准	—	5	—	—	—

续表

序号	检查项目	最高得分	分档计分	自评得分	初评得分	检查得分
2.2.3.1	客房内至少要有1个标准房间,并达到相应标准	—	2	—	—	—
2.2.3.2	客房内至少要有2个标准房间,并达到相应标准	—	3	—	—	—
2.2.3.3	客房内至少要有3个标准房间,并达到相应标准	—	5	—	—	—
2.2.4	客房内空气清新,无蚊蝇	—	5	—	—	—
2.2.5	能为住宿客人提供洗澡场所(桑拿室)	—	5	—	—	—
2.2.6	有国内外直拨电话	—	5	—	—	—
2.2.7	有电脑并能够提供上网功能	—	5	—	—	—
2.3	卫生间	25	—	—	—	—
2.3.1	卫生间(室内、外)设计合理,室内为水冲式	—	4	—	—	—
2.3.2	男女卫生间分开设置且厕位与客人数量成正比	—	5	—	—	—
2.3.3	具备辅助设施:手纸、镜子	—	3	—	—	—
2.3.4	采光、通风、照明条件良好,防蚊蝇、除臭措施有效	—	5	—	—	—
2.3.5	具有有效的粪便处理措施	—	5	—	—	—
2.3.6	卫生间标志明显	—	3	—	—	—
3	安全措施	20	—	—	—	—
3.1	家庭户使用装潢材料进行房屋装修时,必须获得当地消防部门的书面许可	—	5	—	—	—
3.2	各家庭有一定数量的消防设备且能正常使用	—	5	—	—	—
3.3	家庭主要成员基本上接受过消防培训,并具有紧急情况下组织客人疏散、电话报警的知识和技能	—	5	—	—	—
3.4	保证向客人提供安全卫生的餐饮服务,消毒措施到位	—	5	—	—	—
4	卫生制度	20	—	—	—	—

续表

序号	检查项目	最高得分	分档计分	自评得分	初评得分	检查得分
4.1	家庭户主要成员必须持健康证上岗	—	5	—	—	—
4.2	保证室内、外卫生良好	—	5	—	—	—
4.3	具有一定的卫生消毒设施	—	5	—	—	—
4.4	自觉接受当地食品卫生监督所的监督和管理	—	5	—	—	—
5	环境保护	20	—	—	—	—
5.1	能自觉保护当地特色自然资源、植被、土壤和环境	—	5	—	—	—
5.2	各项设备设施符合国家关于环境保护的要求，严格按照相关的规定不造成污染和破坏	—	5	—	—	—
5.3	保护当地的古迹、文物和特色建筑物	—	5	—	—	—
5.4	保护当地的文化特色、传统民俗和生活习惯	—	5	—	—	—
6	服务质量要求	25	—	—	—	—
6.1	诚实守信，敬岗爱业，尽职尽责	—	5	—	—	—
6.2	讲究仪容仪表、礼貌用语，保持热情、周到的服务	—	5	—	—	—
6.3	熟悉掌握本市、本地区的基本概况和人文、历史，懂得当地的民俗民风和生活习惯，能讲与当地有关的历史故事和事件	—	5	—	—	—
6.4	自觉接受当地旅游行政管理部门、卫生监督部门及其他相关部门的监督检查	—	5	—	—	—
6.5	经过专业培训合格后上岗	—	5	—	—	—
7	特色活动	25	—	—	—	—
7.1	家庭户能提供具有当地或民族特色的家庭活动供客人参与	10	—	—	—	—
7.1.1	提供 2 项具有当地或民族特色的家庭活动供客人参与	—	5	—	—	—

续表

序号	检查项目	最高得分	分档计分	自评得分	初评得分	检查得分
7.1.2	提供 3 项具有当地或民族特色的家庭活动供客人参与	—	7	—	—	—
7.1.3	提供 5 项具有当地或民族特色的家庭活动供客人参与	—	10	—	—	—
7.2	能体现家庭生产、生活的特色,客人感觉舒适有特点	5	—	—	—	—
7.3	特色活动具有一定的差异性	5	—	—	—	—
7.4	特色活动要有知识性和趣味性	5	—	—	—	—

四 家庭旅游个案

玛露霞家庭旅游

2008 年 10 月初,我们第二次来到恩和村调研。这次我们先到了乡政府,让他们为我们推荐一个会讲俄语的俄罗斯族家庭旅游户。乡政府建议我们入住王大娘家,说王大娘的俄语特别好,人又热情开朗,想了解旅游、俄罗斯族的风俗人情去她家肯定没错。

到她家我们才知道原来我们认识,4 月份在巴斯克节上见过,当时老人的俄罗斯歌曲和舞蹈给我们留下了很深的印象,只是不知她的姓名。老人名叫果佩珍,俄语名叫 Маруся(玛露霞),68 岁,母亲是俄罗斯人,父亲是汉人,父亲祖籍河北。她的丈夫叫王玉祥,2006 年因病故去了,也是俄罗斯族,母亲是俄罗斯人,父亲是汉人,祖籍山东。苏侨返苏时期,王玉祥的母亲带着他的哥哥姐姐们回到苏联,现在他们仍然在俄罗斯生活。果佩珍老人有 5 个孩子,3 个孩子在恩和村,2 个在额尔古纳市拉不达林镇。

果佩珍从 2004 年开始做家庭旅游。据老人讲,2004

年，乡里要扶持5户俄罗斯族家庭发展旅游业，她就有点动心了，自己会说俄语，会唱俄语歌，跳俄罗斯民间舞，知道不少自己民族传统的风俗习惯，也会做俄式的饭菜和点心，她认为自己够资格也有能力开办家庭旅游，于是就跟乡里提出了申请，获政府批准开办起家庭旅游业。这年她还自己出部分费用随同额尔古纳市组织的考察团赴俄罗斯赤塔州进行考察。当时主要是对俄罗斯百姓民宅中的摆设、装饰装潢、庭院布置和俄罗斯菜肴等参观学习，通过和俄罗斯居民的交流，了解了他们现在的一些接待礼仪等。果佩珍老人说，她的俄语帮了大忙，在俄罗斯她了解了不少东西，回来开家庭旅游都用得上。她在赤塔购买了俄式餐具、调料、手工艺装饰品等，回来后全心经营这项事业。

果佩珍老人的家庭旅游经营得非常好，很多人都是慕名而来，也有游客误撞到她家，然后感受颇深地在网上赞扬她家，老人跟我们说起来很是自豪。她家的院落布置及住宿条件都不错，有一栋老房子和新翻修的房子，我们去时房子还在装修，就住到老房子里。老房子有两个房间，一间三张床位，一间两张床位。屋子窗明几净，地板一尘不染，床单被褥就像新的一样。给我们提供的是很素净的小花图案的床单被罩，给人一种清爽的感觉。房间的布置也独特漂亮，屋里摆放和挂着各样的绢花，有电视，暖气炉。最有特点的是她家的院落，典型的原生态风格，古老的木刻楞建筑、桦树木墩子（凳子）、桦树木条搭建的乘凉棚子、秋千等，前院是菜园子，后院养了许多火鸡，可惜我们来时是秋季，看不到满园的花草、蔬菜了，老人给我们拿出老照片，也有不少是她家院落的风景照，让我们领略这里夏日的美景。

从老人的言谈中我们得知,她家的家庭旅游收入在同类家庭旅游户中属中等偏上,但没说具体年收入多少,我们也不便多问。2008年额尔古纳市对2007年家庭旅游业进行表彰,果佩珍家榜上有名,荣获优秀家庭旅游接待户奖。

图 2-7 家庭旅游住宿

千禧家庭旅游

千禧家庭旅游于2000年开业,取世纪交替之意故名千禧。店主父亲蒋明忠1937年来到恩和屯,时值恩和屯被日本人占领,以做爬犁为生,1943年举家迁至恩和,1962年店主蒋越耀出生,兄弟7人姐妹5人,当时家境极其贫寒。蒋越耀1970年入恩和小学读书,1978年八年级毕业分配至恩和牧场农建队上班,主要负责修路、拉桦子,后学习开拖拉机,主管发电。1986年与室韦镇俄罗斯族姑娘张凤艳结为夫妇。1993年恩和牧场裁撤单位,蒋越耀开始钻研木匠,自己盖起家庭旅馆,当时两间房子6个床位,过往旅客主要来自拉布达林、海拉尔、三河、莫尔道嘎,做生意、办事、过路天晚留宿,短则一天长则三天,价钱为每人10

元,早餐2元,午餐4~5元,晚餐4~5元,随着客人的增加,2005年改为5间房18个床位,住宿与饭菜价钱无变化,2006年7月,获政府批准挂牌经营家庭旅游至今,现可接待17人住宿就餐。夏季旅游季节,住宿每天30元,早餐每位3元。午餐为炒菜,分16元、18元、30元三个档次。晚餐与午餐相同。旅游季节过后,房价改为每天15元,饭菜价钱没有变化。房屋均为俄罗斯式木刻楞和板房,7间房中有1间是24平方米的,3间12平方米,3间9平方米。每个房间配有电视、木制床铺,另有供取暖用的火墙及土暖气。地板有木制和瓷砖两种,有供客人洗浴的淋浴房,由政府投资7000元建成,空气清新,屋内整洁,全天提供热水。

第四节 商业

恩和村最早的商业点是归属乡政府的供销社,当时面积大约在200平方米,人们所需生产生活用品皆由此购买。1994年供销社柜台承包给个人。第二家商店是1985年由恩和牧场开办的,商店面积大约300平方米,商品相对齐全,2008年停办。第一家个人商店是贸源商店(后改为戈拉湾商店),于1985年开办。当时规模很小,面积仅为10平方米左右,经营的商品种类很少,主要是烟酒茶糖等日常用品。据店主的儿子回忆,当时投入1万~2万元,全部为贷款。当时一袋方便面的价钱为两三角钱。后来随着交通条件的改善和人们生活水平的提高,村里商店逐渐多了起来,最多时达到10家。戈拉湾商店的老板说,村里人口少,利润小,商品不全,最终一部分经营不善的商店倒闭了。另外应市场的需要,村里逐渐出现了理发店、服装店、饭店、修理部,近几年还出现了唯一的一家网吧。随着生活水平的提高,恩和村的商业也正在一步步地走向成熟。

一 商店经营规模与商品种类

恩和村有7家商店,分别为振海商店、东宝商店、建华商店、戈拉湾商店、啤酒零售商店、宏宝建材商店和华周商店。其中开办最早、规模最大的是戈拉湾商店。为了便于了解商店的经营规模,将其中规模较大的4家商店进行列表研究(见表2-7)。

表2-7 恩和村4家商店情况统计

商店名称	占地(平方米)	开办时间(年)	投资(万元)	从业人员(人)
戈拉湾商店	80	1985	5	1
东宝商店	70	1998	8	1
建华商店	80	1998	3	2
华周商店	80	1987	7	1

恩和村至拉布达林(最近的市镇)100公里,汽车行程两个半小时,进货路途相对较远。村中各商店的商品种类有:五金、服装、副食、百货、零配件、烟、酒、米、面等,涉及生产、生活的各个方面。例如,建华商店中鸡肉、猪肉、鱼类产品俱全。猪肉2008年秋季为24元/公斤,当地人养猪的很少,大部分人家还是靠购买为主。蔬菜类有辣椒、芹菜、蒜薹、黄瓜、红薯、豆角、茄子、蘑菇等。在我们调查的当天买菜的人很多,有的是办婚事,有的是招待朋友。10月中旬蔬菜卖的比较快,可见现在村里人在蔬菜上舍得花钱。店老板说,冬季是一年中的销售旺季,日销售额在1000元左右。这是一个保守的数字,实际数额

应该大于该数字。据店主讲，日营业额超过 1000 元就要交一定的税。酒类有：奶酒王、马奶酒、葡萄酒、海拉尔纯粮、纯粮王白酒、庐州老窖、金六福、闷倒驴、莫毛、海拉尔散白酒等，其中销量最大的是 5 公斤桶装的散白酒，每桶 18 元。有客人来时，一般喝 10 元一瓶的海拉尔纯粮和莫毛。服装类有鞋、帽、各年龄段穿的衣服，衣服随季节变化样式和种类不同，店中有 1/4 的空间摆放服装，可见其所占比重是很大的。日杂有盆、灯泡、暖壶、拖布、糖、盐等，从中可见其商品丰富程度。

在华周商店我们了解到，25 公斤装的白面 58 元一袋，25 公斤装的大米 77 元一袋，豆油 10 元一公斤，盐 2.4 元一公斤，酱油 8 两装的 8 角一袋，另外奶农需要的增奶料、饲料及建材都可以在商店买到，因附近没有加油站，有的商店还经营成品油零售，用戈拉湾商店店主张旭东的话讲，恩和村的商店是无所不有的杂货店。

商业点典型个案

戈拉湾商店于 1985 年开办，初名贸源商店，是村中开办的第一家商店。店主张旭东，现年 38 岁。他在恩和出生，属子承父业。商店占地面积 80 平方米，有长 2 米、高 1.5 米的货架 15 个，高 2 米、宽 4 米的竖排货架 8 个，经营种类有烟、酒、茶、糖等副食，有服装、日用百货、儿童用品、配件等。烟以 4 元以下的为主，其中大青山（23 元/条），软包红山茶（25 元/条）销售最快，一天的销售量为 6~7 条。酒以海拉尔产的散酒最为畅销，价钱为 3~4 元/公斤，啤酒均为海拉尔生产。当地有个海拉尔酒厂设立的啤酒站，村中饭店、商店的啤酒都由它来供给，价格为 44 元一箱，一箱可装 24 瓶。副食、百货主要去拉布达林进货，

10天左右去一次，多以个人雇车为主，如所需货物非大宗，多用恩和至拉布达林的客车捎回，费用为10元/件，本村车一般只收2~3元/件，每次进货代运费在13元左右，进货大多数去拉布达林，半月一次，有时去海拉尔一个月去一次。从消费额上看，酒一天的销量在100元左右，烟的销量在100~200元，其他副食、百货销售在600~700元，日营业额在800~900元。如果以5家较大的商店为衡量标准，恩和村一天的消费量仅烟、酒、茶、糖、副食、百货应为3000~3500元。从赊欠上看，村里面赊欠现象很常见。因村民以卖牛奶为主要收入，平时没钱就记账，多在月底结算。其中赊欠的大宗商品以牛饲料为主，另外政府食堂、牧场、派出所在各家商店也多有记账，大多年底结算。店主张旭东是高中文化水平，对于经商很有头脑，同时经营着旅店，2000年又在村中开办了东宝商店，其事业蒸蒸日上。

二 修理部

人们打草、运草需要农机具，牧场机械化作业离不开机器，过往车辆繁多，偶尔会出现故障，因此，在恩和村出现了专门以修理为业的修理部。恩和村现有3家修理部，分别为宝江修理部、宝柱修理部、林峰修理部，3家修理部均为私人经营，所经营的范围大致相同，侧重稍有差别。

宝柱修理部。1971~1972年店主在扎兰屯格尼农场学习修理，1973年回到恩和修配厂工作，1987年去吉拉林金矿谋生，转而去客运站工作，2002年开办宝柱修理部。主要以电气焊修理农具为主，也为过往车辆充气，每充一只轮胎3元，电焊的费用以焊条计算，每根焊条3元钱，这其中已经加入了手工费和电费,不到一根的一般都免费。修理部最忙的季节在7~8月,此时正值农忙季节,农具损坏的相对多,修理也就多了。两个月的收入在1万元左右,加上淡季的一般收入,则年收入应该为3万~4万元。从花费上看,每月地税30元,国税60元,工商管理税70元,则一年的税务总计1920元。另外从事个体经营的电费要高于普通用户,一个月的电费为182元,则年开支为2184元。宝柱修理部的年收入为2.5万~3.5万元。据店主讲,现在岁数大了,到60周岁就可以领退休金了,到那时候就不再干了,搞修理很累,活也不定期,有时会忙到很晚。

林峰修理部。林峰修理部从规模上不如宝柱修理部大,除了经营电气焊外,2000年还购进了价值1万元的车床,可以制作简单的车件,牧场里的活基本由林峰修理部来承揽,其他消费支出与闲忙季节和宝柱修理部无多大差别。

宝江修理部。2001年开办至2007年停办转行经营装载机。宝江修理部占地面积100平方米,房屋投入5万元,设备工具投入2万元,主要经营三轮、四轮、汽车修理,不经营配件,同时也经营电气焊和充气。修理部位于公路边,主要以过往车辆居多,据店主估计,每日车流量在200辆左右。由于自己毕业于拉布达林职业高中,专攻汽车修理,有20多年的修理经验,而另外两个修理部不承揽车辆修理业务;所以自己的买卖很好干,在修理花费中数大修理最为昂贵,大约在800元,一年的纯收入在3万~4万元,据店主讲,随着年龄的增大,有些力不从心,所以决定转行,停业后也有人上门来修理,因为设备还在,有客人的时候也干一些修理的活。2008年3月以19.5万元的价格购买新的装载机,主要在周边地区包揽一些修路的活,相对修理要轻闲得多。装载机的收费标准为每小时 170 元，一年的收入在 6 万~7 万元，村中还有一个人购买了装载机，是以 8 万元的价格购买的二手车，据店主讲，现在村中仅有这两台装载机，干修理冬季受罪，对体力消耗很大，另外很脏，所以选择转行，现在修理部处于半营业状态，修理部不备配件，要换件时得由车主自己购买。

三　饭店

随着旅游业的兴起，过往游客增多，对餐饮业也起到了推动作用。据调查，恩和村现有饭店 7 家，分别是虎山特色菜艺馆、同来顺饭店、富宾小吃、沙米尔小吃、梦圆小吃、农家院小吃、华周饭店。还有一家正在修建中的哈乌尔河饭店，投资 30 万元，是集餐饮娱乐于一身的恩和村规模最大的饭店。其中农家院小吃以经营红焖羊肉为主，沙米尔小吃是唯一的一家回民饭店，梦圆小吃正处在停业阶段。根据规模和一次性可容纳就餐人数，可将恩和村的饭店分为大型和小型两种，其中虎山特色菜艺馆、同来顺饭店、华周饭店属大型，下面选择 4 家分别予以介绍。

虎山特色菜艺馆

店主陈岩，汉族，家住海拉尔，1996 年开办戈拉湾饭店，投资 20 万元，是当时恩和村最大的饭店，饭店占地面积 120 多平方米，一次性可容纳 160 人就餐，室内设 3 个雅间，房屋为租赁，租金为每年 7000 元。店主最初为该饭店厨师，后承包饭店。旺季在夏季和冬季，夏季主要是过往游客，冬季则是本村人办婚事请朋友的居多。一天的收入在 1000 元左右，每月进货两次，每次进货多则 1 万元，少则1000元，多由客运车代捎，运费按件计算，每件10元。月周转资金4万~5万元，饭店的啤酒是由啤酒站供应的海拉尔啤酒，出售价格为每瓶3元，白酒有海拉尔纯粮每瓶16元，马奶酒每瓶18元，散白酒每瓶5元。一年所承担的税务有工商税每月120元、管理费每年300元、地税每月200元、卫生验证每年600元，饭店除3间雅间外，外面是50~60平方米的大厅，摆放餐桌，地面铺设木制地板，装有可供跳舞的彩灯。因俄罗斯族素爱歌舞，所以大多数的饭店都装有可供跳舞的设备，整个饭店由陈岩夫妇两人经营，丈夫负责炒菜，妻子负责管账和服务。

华周饭店

店主周敏，1987年来到恩和，汉族，现年65岁，初来恩和时在牧场工作，据店主讲："恩和牧场人手少，只要写申请即可录用，当时干一天活可拿到1.2元的报酬。"华周饭店同时经营饭店和商店，饭店占地面积80平方米，可容纳20~30张桌子，200人同时就餐，华周饭店多承办大型红白喜事，不做长期性经营，只做短期季节性经营。在过去饭店少的情况下，一年收入在2万元左右，随着家庭旅游和新一批饭店的建成，华周饭店逐渐生意萧条，现在主要转向经营商店。

农家院小吃

又名红焖羊肉馆，以经营红焖羊肉和涮羊肉为主，店主孟庆燕，家住拉布达林，2004年5月来恩和村开办这家饭店，房屋为木刻楞结构，占地70平方米左右，内设雅间，一次性可容纳30人左右，平均每天可出售羊肉10公斤左右，一年中的旺季在12月到次年3月，据店主讲，店面小，客满时候较多，来这里的人就是为吃羊肉，羊都是从各村收回来的活羊,自己宰杀,店里面的饭菜很实惠,价格很便宜,一锅焖羊肉的价格为 90~100 元,回头客居多,问及一年的花费时,店主主要计算了每年的燃料费用,一吨煤在拉布达林是 460 元,拉到恩和价钱为 540 元,一年烧 12 个月,花费在 6500 元左右,另外还要以板皮为辅料,一车板皮的价钱为 300 元,一年要烧掉 4 车板皮,花费为 1200 元。

沙米尔小吃

沙米尔小吃店是村中唯一一家回民饭店,2008 年 9 月 19 日开业,业主为沙米尔,由沙米尔父子两人开办,房子是租的,租金为每年 3500 元,开办饭店装修房屋购置用具共投入 1 万~1.5 万元,每月运转费用是五六千元,店内有 4 张桌子,每桌可容纳 5 人就餐。

问及店主选择在恩和开店的原因,他说:"恩和有很大的旅游潜力,尤其近几年游客逐渐增多,搞餐饮应当有很大的利润。自己是回民,在恩和尚无一家回民饭店为过往的回民旅客提供方便,因此可抓住特色补缺漏洞,发挥自己的经营特色,以热情的服务态度和干净的饭菜来赢取旅客。"对于以后的打算,他讲:"旅游业刚刚兴起,为了扶持旅游业的发展,政府给出了很多优惠的政策,另外自己以后想在恩和扎根,打算扩大饭店的经营规模,也希望适应形势,办一家回民特色的家庭旅游,并希望进一步增开旅店,现在准备在恩和买房,靠近街面的房屋 3 间大小的需要 3 万元左右,在后街的要 1 万~2 万元左右。"

四 其他店铺

服装店。村中固定的服装店有一家,2008 年 3 月份开办,占地 30 平方米左右,主要从哈尔滨、广州、上海等地进货。主要经营衣服、鞋帽和一些装饰品；另外一家属非固定服装店，是由哈尔滨人开办的，它的主要销售对象是恩和村民，他在恩和租用当地的房子，租金为每天1元，多则一个月少则半个月来恩和卖一次货，选择适合居民消费水平的服装，3~5天后离开，下个月再来。这种经营也许更适合恩和居民的消费，以养牛和牧场工资为主要生活来源的村民并不是时刻手里都有钱来购买服装。

广兴农机店。村里唯一的一家农机配件商店，店主赵秋。2008年1月26日开办。房屋三间半，一间用来做库房，两件打通用来摆放货架，租金一年3500元。内有4个两米长的货架，两个大玻璃橱柜。固定资产12万元，流动资金6万~7万元。主要经营打草机、拖拉机、三轮车、摩托车、四轮车、自行车配件（四轮车属村中最多的车辆，几乎每家一台），主要销售群体是恩和村民。进货渠道单一，全部来自于拉布达林的亚细亚农机配件商店，多是先提货卖完后再付成本。最忙季节是夏季，每月要进5次到6次货，每次进货金额为2000~3000元，主要承担税务有：地税100~200元、工商税1000元、国税免除，据店主讲，赊账的人很多，曾经20天内收了5000元的欠账单，大部分的账都在月底结，整个店只有他一个人经营，每天上午7点开门，下午2点关门。

俄罗斯面包房。村里最具特色的饮食莫过于俄罗斯的"列巴"，其中挂牌经营的有4~5家，过去俄罗斯族家庭都有自己的列巴炉，现在大多数人家不烤列巴。列巴炉要烧柈子，自2006年实行"禁山"以后，不再允许随意进山，只能靠购买。一米桦木需要800元，现在不允许拣柈子，烤制列巴的费用过高，烤的人也就越来越少。随着近两年旅游业的兴起,有的俄罗斯族家庭又开始重操旧业,主要销售给游客,多用桦子烤,这样可保证列巴的味道纯正。烤制列巴要有特制的引子"列巴花"。俄罗斯族家庭从俄罗斯带过来种子播种,待花开后采下,与麦麸经熬制、晒干后做成糖块大小的引子,用的时候放在水里浸泡,一般把列巴花泡2~3个小时,再用热水与面和匀,放在热的地方发酵,第二天就可以用来打列巴了。烤列巴时先在特制的列巴炉中烧桦子,在达到一定温度时将桦子撤出,烤一炉列巴用时大概是30分钟左右,随着炉温的降低,烤的时间会越来越长,为了保持温度,在列巴炉底还会放一些石块。原汁原味的列巴有三种:甜列巴的原料为白面、奶油、白糖、豆油、鸡蛋;酸列巴原料为盐、奶油;黑列巴以黑麦子做主料。

理发店。村中有理发店两家,起初挂牌经营,所交费用工商税30元/月,物价调节费5元/月,卫生费260元/月,开店人因顾客少、收入低,费用相对高就都关门了。现在因理发所需设备尚在,人们知道哪家曾开过理发店,故剪发都到个人家里去,基本上形成了"家庭理发店"的形式。据曾开过理发店的钱瑞霞讲,她1993年前往额尔古纳、海拉尔学习理发,进修过2~3次,每次2个月,每次学费为2000~3000元。自己也曾开过理发店,每月除上述的费用以外,水费为10元,电费为50~100元。后来因顾客少、其他费用又多,难以负担,就关门了。现在基本在家里理发。从理发的价格来看,过去给小孩理是3元,大人4元,现在价格在原基础上各加1元。据她估计每个月理发的人在15~20人。冬季农闲时,人们除简单的理发外也会选择烫发和染发。

麻将馆。麻将在恩和是较受欢迎的娱乐活动,农闲时玩的人尤其多，因此也有人专门靠经营麻将馆为生。村中的麻将馆有两家：一家于 2007 年开始经营，室内面积 20 平方米，可容纳麻将桌 3 张；另一家于 2008 年开业，面积 30 平方米，可容纳麻将桌 6 张。从时间上看白天玩的人很少，大多集中在晚上。夏季农忙时节少，冬季农闲时节较多。麻将馆主要提供桌椅、麻将和免费茶水，忙时每晚的收入在 100 元左右。

五　交通运输

1956 年成立高级社以后，恩和牧场首次购买了一台苏制卡玛斯链轨拖拉机、一台日本制链轨拖拉机和一台胶轮拖拉机。1966 年，恩和牧场购进 4.5 马力的拖拉机，当时俄罗斯族称之"迪特尔"，承载量和工作效率都得到了很大的提高。随着牧场种植规模的扩大，粮食产量的增加，原始的交通工具无法满足运输的需要，开始购进机动车，20 世纪 70~80 年代主要以解放汽车为主要运输工具，但是恩和村村民尚无个人购买机动车的能力，人们可以乘恩和牧场的车去拉布达林、三沙等地，购买日常消费品，再搭车回来，行程 2~3 个小时，要比以前快捷得多。20 世纪 90 年代村中有人购买东风车，据老人回忆村中有 4~5 辆，主要是揽牧场的活，拉粮送至莫尔道嘎，秋季时用于拉地。为了增大运载量，多赚钱，村里开始有人购买平头铲。除了干牧场的活外，有时还从拉布达林往回运煤，有自己卖的，也有别人雇车专门赚取运费的。当时 10 吨煤的运费为 30~40 元。

20 世纪 80 年代中期，朱国庆、孙静购买了第一辆小型面包车跑客运，往来恩和与拉布达林之间，当时票价为单程 15

元。自 2000 年开始，村中开始出现了出租车、轿车、面包车来往于恩和与各村乡市间。交通条件更加便利，2003～2005 年额尔古纳市交通局将拉布达林→吉拉林→莫尔道嘎→拉莫公路铺设成柏油路，来往车辆更多了。2005 年 10 月，客车由中巴发展到大巴，一次可乘坐 40 人，票价为每人 21 元。

另外村里面主要运输工具是四轮车，据蒋越满讲，村中大约有 200 辆，是村民拉草运货的主要交通工具，一年四季都离不开。也有的人用来拉水，送往各家。因哈乌尔河河水较自家打的井水更为甘甜，因此靠近河边的人家，一般都吃河水，离河远一点的，则用车拉，有的个人嫌麻烦，就雇人送水。据送水的张金顺讲，5 升桶，每桶 1 元，一个月送水的收入为 100 元。

第三章 基层党政

第一节 党团组织

一 党团组织机构

2001年内蒙古自治区实行撤乡并镇政策时,将室韦镇与恩和乡合并为室韦俄罗斯民族乡,乡政府所在地设在室韦吉拉林村。根据室韦俄罗斯民族乡的实际情况和工作需要,2006年,乡政府所在地改设在恩和村,吉拉林设室韦口岸经济区管理委员会,两地由一个党委领导,行政领导机构分设。

(一) 乡党委

中共室韦俄罗斯民族乡党委共有8个党支部,党员75名。建立健全了基层组织建设领导机构。

(二) 恩和农牧场党委

恩和农牧场现有8个党支部,党员144人,其中少数民族党员44人,女党员11人。积极分子5人。为壮大党员队伍建设,进一步增强党的战斗力,充分发挥党的先锋模范作用，2007年上半年，恩和农牧场党委按照"重视质量、计划发展、个别吸收"的原则，以"坚持标准、保证质量、改善结构、慎重发展"的十六字方针，有组织、有计划的发展新党员6人，为党组织输入新的血液。2008年，恩和农牧场党委计划发展党员5人。

近年来，恩和农牧场党委坚持以经济建设为中心，以科学发展观统领全局，经济效益不断提高。与此同时，恩和农牧场党委重视培养班子成员的业务经营能力和驾驭市场经济的能力。2007年，面对历史罕见的干旱天气，恩和农牧场战胜自然灾害，克服重重困难，圆满地完成了年度各项工作任务。实现国民生产总值3092万元，同比增长37%。

（三）乡妇联

恩和乡妇联成员共9名，平均年龄35岁。妇女工作是村基层组织工作的一个重要环节。妇联的主要任务是了解村里家家户户内部的事务，包括家庭和睦、计划生育、尊老爱幼、劳动致富等，几乎关系到每个家庭的方方面面。乡妇联带领当地的妇女在旅游业、养殖业等领域开辟新天地，取得了较好的经济效益。

（四）村委会

恩和乡下辖10个自然村屯，有恩和、九卡、七卡、向阳、朝阳、正阳、旭阳、自兴、良种站和吉勒布村。其中2个村设村委会，8个屯设立村民小组。为方便开展工作，还在7个村特设村调解委员会，恩和村设恩和人民调解委员会。

（五）工会

2008年乡工会主席为贾志奎（乡党委书记），副主席为胥继良（乡党委副书记、副乡长）。2009年乡工会主席由乡人大常委会主任白凤华担任。

工会主席的岗位责任制

负责工会全面工作，组织召开工会委员会，认真履行四项职能，全面完成工会工作任务。

1. 认真贯彻执行党的路线、方针、政策、国家法律、法规、条例以及工会工作有关规定，主持工会日常工作。

2. 负责工会会员代表大会和职代会的筹备工作，负责召开工会委员会和工会办公会议，传达单位和上级工会有关文件和会议精神，提出贯彻意见和措施，部署、检查工会工作。

3. 密切联系群众，做好调查研究，协调党、政、群团各部门的关系，定期向党政领导和上级工会报告工作，积极争取单位党政领导支持。

4. 协助行政方面努力办好职工福利事业。开展互助互济活动，关心、帮助和解决职工的特殊困难。

5. 按照财务制度，掌握和使用好工会经费。

6. 领导好女职工委员会工作，积极完成单位、妇联、总工会布置的有关女职工的工作任务。

7. 有计划、有组织地开展有益于职工身心健康的文体活动，按照单位和工会的统一安排，搞好各项文体活动及比赛。

8. 完成单位和上级工会交办的各项任务。

工会还设有乡工会小组、工会委员会、乡女工委员会、乡工会经费审查委员会协助具体工作。

乡工会小组长工作职责

1. 协助工会开展工作,组织职工参加政治和业务学习,关心、爱护、了解会员的思想状况和学习工作情况。

2. 关心会员生活,听取和反映会员对单位和工会组织的意见和要求,帮助会员解决问题。

3. 协助单位和工会组织完成具体工作任务。

4. 组织开展文体活动,做好工会布置的各项工作。

5. 协助工会做好发展会员工作。

工会委员会职责

1. 执行会员大会或会员代表大会的决议和上级工会的决定,主持工会的日常工作。

2. 依法维护职工的民主权利,健全职工代表大会制度,代表和组织职工依照法律规定,通过职工代表大会和其他形式,参加本单位民主管理和民主监督。企业、事业单位工会委员会是职工代表大会工作机构,负责职工代表大会的日常工作,检查、督促职工代表大会的执行。

3. 组织职工开展劳动竞赛、合理化建议、技术革新和技术协作活动,总结推广先进经验。做好先进工作者和劳动模范的推荐、评选、表彰、培养和管理工作。

4. 充分发挥"四项职能"作用,做好职工思想政治工作,经常对职工进行爱国主义、集体主义、共产主义和社会公道、职业道德、家庭美德教育。鼓励支持职工学习科学文化技术和管理知识,开展健康的文化体育活动。办好工会文化、教育、体育事业。

5. 认真学习贯彻执行《工会法》、《劳动法》、《劳动合同法》、《女职工权益保障法》及上级工会组织的工作部署，协助和督促行政方面做好劳动保险，劳动保护工作，办好职工集体福利事业，改善职工劳动生活条件。广泛开展安全教育活动，参与安全检查和伤亡事故的调查处理，做好困难职工帮扶工作。

6. 维护女职工的特殊利益，同歧视、虐待、摧残、迫害女职工的现象作斗争。

7. 搞好工会组织建设，健全民主制度和民主生活。建立和发展工会积极分子队伍，做好新会员的接收、教育工作，努力创建"劳动关系和谐单位"和"先进职工之家"。

8. 收好、管好、用好工会经费，管理好工会财产。

9. 完成本单位（企业）和上级工会交办的工作任务。

乡女工委员会岗位职责

1. 运用多种形式，加强女职工的思想教育，帮助女职工处理好恋爱、婚姻、生育、家庭等问题；积极发动女职工参加单位的各项活动，充分发挥女职工作用。

2. 组织开展适合本单位女职工特点的各项活动，活跃女职工生活，为她们创造良好的工作、学习、生活氛围。

3. 组织女职工参加工会开展的各项活动，及时了解和反映女职工的意见要求。

4. 维护女职工的合法权益，同歧视、虐待、摧残、迫害妇女的现象作坚决斗争。

5. 在女职工中积极开展巾帼示范岗等各种争创活动，树立优秀女职工群体形象。

6. 完成委员会和主席交办的临时性工作。

乡工会经费审查委员会工作职责

1. 协助同级工会组织收好、管好、用好工会各项经费，管好工会财产。

2. 监督同级工会组织认真贯彻执行财经政策、纪律、法规，以及上级工会的各项财务工作规章制度。

3. 审查同级工会的预算、决算编制执行情况，督促同级工会定期公布账目。

职工民主管理制度

为落实民主集中制原则，减少、杜绝政府工作中的失误，构建和谐政府，提高工作水平，特制订本制度。

1. 认真搞好民主理财工作。全年经费预算方案和决算情况等应向党代会报告，并由党代会审议通过。

2. 涉及职工切身利益的问题，要进行深入调查研究，广泛征求群众意见后进行决策、处理。

3. 对职工岗位的安排、违纪职工的处理等，都应经过领导集体研究同意后执行。

4. 政府重要制度的制定、重大决策的出台等，应召开党代会讨论表决，经通过后再实施。

5. 乡党委、政府每年召开一次民主生活会，对一年来的学习、工作、思想等情况进行自我总结，并开展批评与自我批评。

二 党团工作开展

（一）2008年乡党委开展主要工作

乡党委坚持以党的十七大精神和"三个代表"重要思想为指导，深入贯彻落实科学发展观，以全市"十一五"

发展规划为主题,以繁荣地区经济为动力,实现了经济社会稳步发展的工作要求,有力地推动了恩和乡基层组织建设及社会各项事业的健康发展。

(1) 2008年初建立以乡党委书记为全乡党建工作主要负责人,乡党委委员实行挂钩的联系支部制度,确保各项工作落实到位。

(2) 认真开展党员培训,每周二上午乡政府机关实行党员学习例会制度,并利用现有的电教设备网络共享的资源优势,使远程教育学习、培训和自主学习有机地统一起来,并确保每次培训、学习时间不少于2小时。2008年共学习38次,参加总人次1000人。

(3) 在"5·12"汶川大地震发生后,乡党委在第一时间号召全乡党员干部和广大群众踊跃捐款。同时,全体党员干部还捐出了特殊党费共计7400元整,其中正科级干部中有两人捐款1000元。

(4) 乡党委开展捐助活动,建立关心帮助生活困难党员专项资金,主要用于帮助解决特困党员基本生活费问题。使他们体验到生活在中国共产党的大家庭里,不是孤立无援的,体验到"一方有难,八方支援"的温暖。

(5) 开展了"新一轮思想大解放推动全市经济社会大发展,努力为呼伦贝尔市打造自治区新的经济增长积极作出新贡献大学习大讨论"活动,成立了领导小组,动员阶段共学习8天,累计课时20小时,参加人次476人,心得体会17篇。

(6) 全面落实党风廉政建设责任制,坚持廉洁从政,从严治政。

（7）领导班子团结协作，全年专门召开党委中心组学习11次，党建工作例会4次，召开党政联席会议6次，无重大决策失误，无违法乱纪现象发生。

（8）针对恩和乡非公有制企业少、规模小和不稳定的实际，每个没有党组织的非公有制企业，乡党委都配备了1名党建工作指导员，非公有制企业中党组织覆盖率达到10%，这10%的党组织达到"五个好"标准，全年非公有制经济组织党务工作者和非公有制企业业主接受培训2次。

（9）充分利用现有的电教设备，对党员干部职工每月进行一次电化教育，充分利用远程教育网中有关党的理论知识和农牧业科技知识进行教育。全年电教课时12次，共计15小时，参加人次400人。

（10）召开室韦俄罗斯民族乡人民代表大会二届二次会议。会议由中共室韦俄罗斯民族乡委员会书记、人大代表贾志奎主持。大会听取了尹瑞明做的《室韦乡政府工作报告》，与会的37位人大代表共提出议案、建议13条，涉及基础设施建设等与乡民生活密切相关的问题，引起了大会的高度重视。大会补选了白凤华当选室韦乡人大主席、辛放当选室韦乡副乡长。

（11）乡党委以会议、学习的形式对本乡综治工作者及部分村民代表进行了普法培训。

（12）乡党委开展了党员"一对一"活动，为贫困户解决烧柴问题。

（13）乡党委联合恩和边防派出所、恩和农牧场，集中开展了专项打击非法宗教"蒙头教"行动。行动共出动人员14人、车辆3台，历时1天，排查可疑人员40人，打击教育"蒙头教"信众13人，收缴非法邪教宣传品7件。

（14）7月乡党委隆重召开了纪念中国共产党成立87周年暨表彰大会，吴丽华等6名优秀党员和室韦乡机关支部等两个党支部受到通报表彰。

（15）经过培养、考察，2008年发展党员3名，培养积极分子5名。

（二）恩和农牧场党委工作开展情况

1. 抓班子，强化党委自身建设

在2007年场、队两级领导班子队伍建设中，场党委、纪委狠抓党风廉政建设，通过组织班子成员学习《胡锦涛总书记在中纪委第七次会议上的讲话》、《规范权力运行，深入推进反腐倡廉工作》等重要文件，观看反腐倡廉电教片，发出《致领导干部家属的一封信》，以如何加强领导干部作风建设为主题举办培训班等形式，结合大量生动翔实的事例，从正反两个方面对广大党员干部进行教育，提高他们拒腐防变能力。

2. 加强党员队伍建设，发挥先锋模范作用

（1）党员教育培训情况：2007年6月30日至7月1日，举办了党员、干部、积极分子培训班，培训阶段完成了党史、党章、党风廉政建设、信息写作及企业文化5门课程16学时的培训任务；10月15日至11月10日，通过组织干部职工收看专题电视节目，听取国家领导人重要讲话，学习《胡锦涛总书记在中央党校重要讲话》、《高举中国特色社会主义伟大旗帜，为夺取全面建设小康社会新胜利而奋斗》、《建立健全教育制度、监督并重的惩治和预防腐败体系实施纲要》、《公民道德建设实施纲要》等方式，深入学习领会十七大精神，提高领导干部的理论、管理水平和

科学执政、防腐拒变能力,激励干部职工为党的事业恪尽职守,弘扬爱岗敬业精神。2008年,恩和农牧场党委计划于"七一"期间继续举办培训班。

(2)基层组织建设情况。恩和农牧场现有8个党支部,党员144人,其中少数民族党员44人,女党员11人,积极分子5人。2007年上半年,恩和农牧场党委按照"重视质量、计划发展、个别吸收"的原则,以"坚持标准、保证质量、改善结构、慎重发展"的十六字方针,有组织、有计划地发展新党员6人。2008年,恩和农牧场党委计划发展党员5人。

2007年"七一"期间,恩和农牧场召开庆祝建党86周年表彰先进大会,大会对一个先进基层党支部,7名优秀党务工作者,9名优秀共产党员进行了表彰奖励,起到了弘扬典型,鼓舞士气的作用。

3. 扶危济困,共创和谐,密切党群干群联系

长期以来,恩和农牧场一直把关注民生、构建和谐社会、扶持职工群众脱贫致富工作列入场党委重要议事日程。

(1)2007年,争取到"2007年整村推进直接扶贫到户"工程资金30万元,购买火鸡70只、獭兔345只,扶持30户特困家庭开展特种养殖。

(2)2007年7月,场党委、工会在全场范围内实施"双扶"工程,重点对原农场职工、特困家庭及党员、丧失劳动能力的老弱病残家庭、孤寡老人进行帮扶。

(3)5名场领导班子成员推行分片包点责任制度,同生产队、机关各科室共与32名困难党员、职工结成"一帮一"或"多帮一"帮扶模式,并根据工作开展情况,及时改进、完善。

（4）全场干部职工多次踊跃献爱心：2007年在向"春蕾女童"捐资助学活动中全场共捐款1646元；向贫困党员捐款活动中共捐款2760元；"博爱一日捐"活动中共捐款10000元。

（5）2008年，场党委组织广大党员群众向呼伦贝尔满归镇灾区捐款8491元，向"5·12"汶川大地震灾区累计捐款15210元，党委内132名党员缴纳特殊党费19316元。

4. 深入开展创建"五个一"活动

（1）切实发挥好"四好"（政治素质好、经营业绩好、团结协作好、作风形象好）领导班子在"五个一"创建活动中的带头和主导作用。

（2）通过广泛深入学习培训和思想教育，使党员队伍思想觉悟得到提高，在各项工作中表现突出，充分发挥了党员的先锋模范作用。

（3）对职工队伍的科技知识、生产技能培训常抓不懈，并进行安全生产教育2次，组织农药保管员赴额尔古纳市参加培训班1期。同时坚持"修旧利废、技术革新"，截至目前已节约资金、创造效益达20万元以上。

（4）通过制定各项工作技术措施、实施细则，全面开展标准化作业；签订生产经营、精神文明建设考核责任状，严格执行绩效考核制度等方式保证了企业党组织充分发挥政治核心作用。

（5）举办企业文化培训班1期，介绍企业文化的概念、功能、表现形式，并结合世界知名企业和恩和农牧场自身的企业文化，对学员进行了爱岗敬业教育；创新学习机制，建设学习型党组织。

（6）场党委和各支部成立创建"五个一"活动领导小

组，党委书记为第一责任人，各党支部书记为具体负责人，并建立相关活动制度。

（7）制定出台《恩和农牧场党委创建"五个一"活动实施方案》，该方案对本次活动的指导思想、活动目标、具体任务、主要措施等作出了详细明确的规定。

（8）领导小组成员深入基层，重点收集和掌握领导班子、党员队伍、职工队伍、工作机制、经营业绩、群众反映等方面的信息，经过认真梳理后，找准了开展创建活动的切入点。采取召开党员大会或职工大会形式，利用标语、简报、黑板报等宣传阵地，从多个角度进行广泛宣传动员，让职工充分认识开展创建活动的重要意义，明确创建活动的目标要求，踊跃参与到创建活动中来。

（9）采取创建活动与企业改革发展的任务同步规划、同步实施、同步考核的办法，层层对创建活动实行动态管理和定期考核。同时，深入持续开展了"难点攻关工程"、"党员责任区"、"党员先锋岗"等活动。

（10）设立意见箱，聘请监督员、成立群众监督组织，广泛争取群众的意见和建议，保证创建活动有序、有效地稳步开展。

（11）年终通过发放意见调查表等渠道进行群众满意度测评，由职工群众来评价创建活动。各支部以民主形式评选出具有典型示范作用的先进个人连同事迹材料上报场党委，场党委将根据创建活动情况，对成绩突出的单位和先进个人予以表彰。

（12）对创建活动及时进行总结，肯定成绩，查找不足，进一步深化认识，拓宽思路，完善机制，丰富内涵，不断提高创建活动的质量和水平。

5. 各项活动开展有声有色

2007~2008年，恩和农牧场党委两次开展了"党员电化教育主题实践周"活动。在整个活动期间，恩和农牧场紧紧围绕"党员电教服务基层"的活动主题，加大宣传力度，推广典型经验，引导广大党员尊重科学，学用科学，争做创业先锋，争当富民模范。

在活动中，全场共刊出黑板报6版、场简报3版，制作电视专题4篇；向群众发放各类宣传单和小册子781份，农业栽培技术、科学养殖、农机具及家电维修、科普知识等各类挂图、资料、图书、光盘443本（张）；组织1817人次参加集中培训或收看各类电教片；征集基层群众党员对电教工作内容、形式、时间安排等方面意见及建议20余条。

2007年6月16日，恩和农牧场党委、工会联合举办"迎七一·自治区成立六十周年"活动。参加此次活动的有场党政班子成员、各单位管理人员、机关全体，近70人。活动主要包括登山、拔河、跳绳比赛，知识竞赛等内容。其中知识竞赛以党章、党史、时事政治、农业科技等方面问题为主。活动寓教于乐，在使干部职工接受教育、汲取知识的同时，又提高了全场的凝聚力、向心力，收到了良好效果，达到了预期目的。

6. 加大环境卫生整治工作

（1）按照上级市委下发的《环境卫生整治方案》的要求，恩和农牧场大力开展了环境卫生整治工作，制定了《恩和农牧场环境卫生整治方案》，成立了环境卫生整治领导小组，小组成员分片包干，划分了责任区，明确了责任，确定了整治重点及目标。

（2）加大对环境卫生整治工作的宣传力度，使老百姓认识到环境卫生整治的重要性，改变以往不良的生活方式，转变他们的思想观念，使他们能够积极地投身到此项工作中。

（3）制定出切实可行的工作措施，以场投入指导为主，以户投入参与为辅；场治路、户治墙、场户结合治脏乱。以治理"三阳"为主，七卡、八卡为辅，同时明确领导分工，细化责任，推行包点分片责任制度，分级奖惩责任制度和信息通报制度，在全场上下形成人人重环境、人人建环境的良好氛围。

（4）为保证年度环境卫生治理工作在规定时间内全面完成，恩和农牧场在3个月时间内投入资金40余万元，共用2501个工，大小车辆3624台次，在5个生产队整修路段18条、15495米（其中新修筑10条9865米，整修8条5630米），修路用砂料22644立方米，清理挖掘道路边沟20530米，清理垃圾12922立方米，整修板杖子①14345米，粉刷房屋4431平方米，共拆除废弃建筑物98个，挖掘涵洞32处，铺设涵管117个，封堵房山头193平方米。

通过整治，恩和地区各生产队卫生环境得到明显改善：道路平直畅通；边沟实现了网格化，排污顺畅；板杖子整齐划一；废弃房屋、棚圈的建筑物基本拆除；生活垃圾和牲畜粪便全部清除。实现了人居环境和经济社会发展环境的高度和谐。

（三）乡团委工作开展情况

恩和乡团委在团市委和乡党委、政府的正确领导和大

---

① 板杖子：东北地区用木板围成的屏障当地方言称"板杖子"，类似篱笆墙。

力支持下,积极推进团的各项工作,在团建工作、扶贫帮困工作、再就业工作中发挥了重要作用。

1. 团建工作

不断增强团员思想道德教育,强化政治理论学习,始终保持团组织的先进性。结合青少年思想实际,以理论信念为核心,加大对青少年思想道德教育工作力度。以学习提高为目的,以团刊、墙报为载体,采用多种形式深入开展理论学习,进一步提高广大团员青年的政策理论水平和思想政治修养。

2. 扶贫帮困工作

(1) 推进科技致富,培养"致富带头人"。围绕促进农村青年增收致富、成长成才目标,通过激励引导、科技培训、支持帮助、小额信贷等措施,培养农村产业结构调整带头人,农业科技传播带头人、农产品营销带头人、回头创业带头人,带动更多的农民群众增收致富。

(2) 积极开展青年创新创效活动。引导青年开展技术创新、管理创新和服务创新。

(3) 建立和完善青年人才库工作。倡导"行行能成才,人人争成才,学习助成才,实践促成才"的成才观,推出典型,激发成才愿望。努力形成党政机关关注青年成才、社会关心青年成才、各界帮助青年成才、青年自觉追求成才的良好局面。

(4) 配合做好综治和维稳工作。组织部分团员积极协助乡综治和维稳部门,做好平安创建工作,以打造平安校园、平安单位为突破点,增强团员青年法律意识、道德意识,发挥团组织工作职能,带领全乡广大青年为维护社会稳定作出了应有的贡献。

3. 以先进文化为动力，组织动员广大青少年积极投身三个文明建设活动

（1）以节庆和民俗为着手点，开展各类文化活动、发挥文化育人功能。

（2）加强与青年志愿者的交流，解决志愿者工作生活中遇到的困难，切实做到以感情留人、以事业留人，使更多的志愿者继续为当地的发展作贡献。

（3）服务青少年成长成才。加强未成年人保护和预防青少年违法犯罪工作，进一步加大"两法一例"的宣传力度，配合做好校园及周边地区的治安整顿。

（4）加强对青少年特殊群体的帮扶工作。以贫困学生、农村贫困青年、困难群众为重点，广泛开展捐款捐物、志愿服务、结对救助等活动，帮助他们解决学习、工作、生活中的实际困难。

4. 与时俱进，以团的能力建设为保障，以树立团干部良好形象为牵动，切实加强团的建设

（1）加强对团干部的协管和教育培养、组织培训，全面推进学习型组织创建活动，掀起争创学习型团组织、争当学习型团干部的新热潮。

（2）加强对少先队的领导，支持少先队创造性地开展工作。

（四）乡妇联工作开展情况

1. 做好思想宣传工作

认真贯彻落实城乡统筹工作，在全乡 10 个村屯安装了报栏。为了开展好城乡环境综合治理进家庭活动，乡里发放了倡议书及《家庭成员文明卫生习惯十条要求》向全乡家庭广泛宣传,使广大群众对城乡环境综合整治的认识有了新的提高。在全乡范围内举办了"父母大课堂"、"母亲课堂"等多堂讲座,组织妇女代表学习党的十七大、十七届三中全会精神和中国妇女十大、省十一次妇代会精神。

2. 围绕提高农民素质普及科学技术

由乡妇联牵头,聘请河北农大畜医系王教授及外乡养牛高手讲解有关奶牛养殖、疫病防治及饲料配比等知识,多人受训。有效提高了奶农科学养牛的能力和水平,奶牛产奶率明显提高,死亡率大幅下降,有力地推动了全乡奶牛养殖业的进一步发展。

3. 扎实推进家庭美德教育工作

围绕城乡文明建设,开展以"除陋习、树文明"为主题的家庭美德建设活动,各村组织了一支10~15名家庭志愿者组成的卫生劝导队,向全乡家庭发出了"美化城乡环境建设美好家园"的倡议,提升家庭成员综合素质。在全镇广泛开展文明家庭创建活动。

4. 精心策划各种节日活动

组织召开庆祝"'三八节'99周年座谈会",并邀请专家为乡里妇女开展各类讲座。"母亲节"按照市妇联要求组织开展"时代母亲"评选活动,并向市妇联推荐优秀人选,作为"时代母亲"。"六一"儿童节期间,组织各村开展"向国旗敬礼做有道德的人"签名寄语活动。

5. 积极争取,为妇女儿童提供良好的发展环境

积极整合资源,推动农村儿童"寸草心"家园村级服务站建设,制定了相关制度,让更多孩子享受到了政府的贴心服务。及时更新了"春蕾计划"贫困儿童资料库,并先后资助15名贫困家庭儿童继续学业。下面是一个我们在乡政府调查采访过程中获得的一份帮扶助学计划。

恩和俄罗斯民族乡妇联帮扶助学计划

为使乡学校贫困女童的学习环境得到改善，乡妇联 2008 年将继续对恩和民族学校贫困学生王双、王国香进行帮扶。根据这两名贫困学生的求学需要，特制定本帮扶助学计划，内容如下：

1. 帮扶助学活动以本学年为起点，保证贫困学生至少完成九年义务教育。

2. 小学期间，每年帮扶每名学生 300 元。

3. 如帮扶基金超出帮扶需要，则统一管理，留待帮扶其他需要帮助的贫困学生。

室韦俄罗斯民族乡妇联

2008 年 3 月 11 日

第二节 行政管理

一 行政机构

（一）乡政府

1948 年民主建政时期，恩和建立了工会组织。1956 年 10 月建恩和乡。1958 年秋，恩和乡划入苏沁牧场，为第三分场，乡场合一。1964 年重建恩和乡，曾为中共额尔古纳右旗西部地区工作委员会驻地。2001 年，恩和乡与室韦镇合并，称室韦俄罗斯民族乡，政府驻地设在吉拉林村，恩和地区设管委会，恩和村为管委会驻地。2006 年，乡政府所在地改设在恩和村。1956 年至今，恩和乡历任乡长 10 届（见表 3-1）。

表 3-1 1956 年建乡以来历届乡长

姓名	性别	民族	职务	任期
张明喜	男	汉	乡长	1956~1972 年
刘 义	男	汉	乡长	1972~1975 年
宋继峰	男	汉	乡长	1975~1978 年
穆宽森	男	俄	乡长	1978~1985 年
苏天增	男	汉	乡长	1985~1990 年
陈维新	男	汉	乡长	1990~1995 年
曲德欣	男	俄	乡长	1995~2001 年
刘炳臣	男	俄	乡长	2001~2004 年
尹瑞明	男	俄	乡长	2004~2009 年
李 政	男	俄	乡长	2009 年至今

自 1995 年以来,乡长均为俄罗斯族担任,体现了党对少数民族地区的重视,任用干部时充分考虑到了少数民族干部的优势作用和特殊影响力,有利于该地区行政工作的有效开展。

(二) 乡政府下设机构

乡政府下设党政综合办公室、社会事务办公室、经济发展办公室。

党政综合办公室职能

1. 主要负责乡党委、政府、人大的日常政务事务;协助领导做好组织人事、宣传、纪检监察、信访、武装、综合、文秘、工会、共青团、妇女、统计等工作。

2. 承办上级部门文件的收发登记、拟办送阅督办工作;承办乡党委、人大、政府文件报告的起草、审核及上报、下发等工作。

3. 负责乡党委、人大、政府各种会议的准备、记录工作,协助乡领导组织会议并对会议决定事项进行督促落实。

社会事务办公室职能

1. 负责侨务、统战、教育、卫生等工作。

2. 负责法律服务、科技、信息、广播、文化、体育等工作。

3. 负责民政救济、拥军优属、婚姻登记,农、林、水、渔、防火、城建等。

经济发展办公室职能

1. 制订本镇经济发展规划,协调经济综合管理,落实市委、市政府制定的各项投资优惠政策和措施,做好协调工作,开拓招商引资渠道。

2. 负责对各种经济成分企业的政策引导和服务工作,以及对个体协会的管理等工作。

3. 指导企业安全生产和科技工作,规范企业行为规则,提供招商引资的政策、业务咨询和统计。

二 行政工作开展

(一) 基础设施的发展

新中国成立前恩和村没有电力,人们照明只能依靠松油或动物油。新中国成立以后随着经济的发展,当地陆续购买了一些柴油发电机来解决群众的生活照明和农产品加工问题。到20世纪90年代中期,该乡的发电机总功率仅有265千瓦,远远不能满足人民群众生产生活的需要。各村屯之间仍然不能通电。1995年以后在额尔古纳市的大力帮助下,全乡除个别极其偏远的村屯以外,8个村屯全部通上了电,解决了多年困扰人们生产生活电力不足的问题。在解决了电力不足的问题之后,近几年乡党委和政府又积极争取上级通信部门的支持，于2001年开工、2002年架通了拉布达林（额尔古纳市）—吉拉林（室韦村）—莫尔道嘎镇的光缆工程，彻底改变了人们与外界沟通联系难的问题，手机业务、电脑网络的开通，使恩和村信息化水平上了一个大的台阶。通过电脑上网可以迅速地了解外部世界，获得更多的信息，发展本乡的经济社会文化事业。2008年全乡有邮政所2个，电话总数1039部，其中固定电话771部，移动电话268部。

恩和村的街区一直以来路况不好，没有水泥马路，更谈不上路灯的照明，给当地居民的夜间出行带来了很大不便。乡政府为进一步加快城镇建设，改善城镇面貌、人居环境和出行条件，造福全乡各族群众，2007年积极吸引项目资金，为恩和街区修建水泥路1.5公里，2008年乡政府在"巴斯克"节来临之际，为恩和村主要街道修建长3700米、宽6米的砂石路。还投资20万元沿街修建风光互补型路灯30余盏。风光互补型路灯是靠风能和太阳能双动力供应能源，这样就省去了很多的后续资金，不仅节约了电力资源，还避免了安装路灯没有能力供电照明的状况，解决了当地百姓夜间出行不便的状况，让当地百姓真正享受到了路灯带来的便利，受到了全乡百姓的广泛赞誉，切实为百姓办了一件好事、实事。

新中国成立初期恩和通往外界的公路有两条。但恩和与其他自然村屯之间绝大部分没有公路。人们之间的往来主要依靠骑马。新中国成立后，为了加快当地的经济发展，加强人们之间的联系，政府加快了交通建设事业。一方面对原先恩和通往外界的两条简易公路进行了改造，加宽了路基，铺上了砂石路面；另一方面修筑了恩和各自然村屯之间的简易公路。进入2003年以来，在国家的帮助下，投资 2.6 亿元，对恩和—拉布达林的公路进行全面地改造，使其达到三级柏油路面标准。投资 1.35 亿元，对恩和—莫尔道嘎公路进行改造，建成后公路达到三级柏油路面标准。投资 2.6 亿元对恩和—黑山头公路进行改造，建成后公路达到三级柏油路面标准。同时还投资 8.62 亿元对乡内一些村屯之间的公路以及乡政府所在地的恩和村公路进行改造。这些公路修成后，缩短恩和—额尔古纳市、恩和—莫尔道嘎镇、恩和—黑山头的运输距离，改善公路条件，拉动恩和地区经济及其他各项社会事业的发展。

几年来，为加快地区的发展，恩和乡先后申请了有关交通、文化教育卫生、广播电视、生态、基础设施、民俗、民风、文化遗产等近 20 个项目。主要建设项目：拉不达林—莫尔道嘎三级柏油路工程贯穿恩和辖区自来水工程；恩和乡内 1880 米水泥路及 2020 米砂石路修筑工程已经完工，彻底改变了乡内路况差、百姓出行难的状况。基础设施建设实施了项目推动战略，筹集 900 多万元项目资金，实施并完成了小城镇环境综合治理工程、恩和 1.4 公里混凝土道路工程、俄罗斯族贫困家庭矮草房改造工程、400 平方米民俗馆扩建工程、主要街道路灯架设工程、民俗食品作坊建设工程等项目，并协助市直及驻市有关单位实施并完成了 380 平方米恩和卫生院建设工程、恩和客运站建设工程、七卡—水磨村 46 公里输电线路新建工程、恩和加油站建设工程和恩和地区移动通信增覆工程。

（二）社会事业发展

全乡有邮政所 2 个，医院 1 所，小学 1 所，电视差转台 1 个。2006 年建设民俗博物馆 1 个。

（三）产业、经济发展

1. 农林牧发展情况

农业、畜牧业、林业是恩和的主要产业，全乡国内生产总值 3483 万元，财税收入 103 万元；旅游业蓬勃发展，2008 年旅游收入 184 万元，接待游客 16000 人次。

截至 2007 年，恩和农牧场总资产 6739 万元，总负债 5923 万元，拥有大中型机械近 200 台，机械总动力 8986 千瓦，农业生产全部实现机械化作业，实现国民生产总值（现价）3092 万元。其中第一产业增加值 2982 万元；第三产业增加值 110 万元。实现农业总产值（现价）4500 万元。实现牧业总产值 3539 万元。实现经营利润 1183 万元，净利润 692 万元。实现工资总额 1158 万元，其中职工平均收入 26000 元，人均收入 10201 元。

恩和村的畜牧业主要以牛、马、羊为主，2007 年度畜存栏 12186 头（匹只），商品奶产量 4464 吨。

根据国家"十一五"期间下达的年森林采伐额度，林场每年生产木材 7000 余立方米，年实现利润 100 余万元。

2. 旅游业发展情况

自 2001 年开始，额尔古纳市就着手"俄罗斯族家庭旅游"项目的建设，并制定了相应的优惠政策。2004 年，又结合国家实施全国 22 个低于 10 万人口的少数民族整体脱贫计划和国家旅游局"中国百姓生活游"旅游主题年的实施，深入开展了俄罗斯族家庭旅游活动，于 2004 年 6 月 28 日正式在室韦俄罗斯民族乡挂牌启动。

2004 年开始，恩和村民利用国家扶贫款和自家的积蓄筹足了启动资金，开展家庭旅游。随着近两年乡村旅游和民俗旅游的红火,在市旅游局的指导下,乡政府选派几位村民于2006年参加了市旅游局组织的赴俄罗斯实地参观学习,使村民对俄罗斯文化生活有了更进一步的了解。学习结束后,增加了许多能够充分体现民族特点、地方特点、季节特点以及大众参与特点的活动项目(如:教游客跳俄罗斯舞、学打列巴、体验种菜、伐木、劈柈子、荡秋千等),使游客充分感受到了特殊的生产、生活乐趣。

2001～2006年,全乡实现接待游客47200人次,旅游旺季平均日接待游客达393人次,对外营业的17户家庭旅馆平均旅游纯收入达到了3万元。

目前恩和地区的家庭旅游项目户共有16家,一次接待住宿人数在6人以下的有7户,6～10人的有9户。一次可接待就餐人数在15～30人之间。家庭旅游项目户可以为游客提供正宗的俄罗斯传统美食,今年每家项目户利用乡政府支持的1.4万元扶持资金建成了可冲水式卫生间,俄式桑拿房,并提高了餐具、卧具的档次。为今年夏季旅游旺季的到来做了充分的准备。2007年共接待游客7000人次,旅游总收入达到40万元。

2008年进入7月以来,到恩和俄罗斯族家庭旅游游客突然猛增,异常火爆。据旅游部门的初步统计,7月份上半月到俄罗斯族家庭旅游的游客每天达到400人,其中过夜人数达到220人。

(四) 环境保护建设

恩和乡环境保护建设工作重点。

1. 重点整治污染哈乌尔河河水的隐患

哈乌尔河沿岸的居民和养殖户有向河岸边倾倒生活垃

圾、牲畜向河里排便的情况，对哈乌尔河河水造成一定的污染，此次整治行动应加大宣传教育，增强居民的环境保护意识，对重点污染户进行教育和处罚。

2. 对驻地各企业进行重点检查，整治环境违法问题

（1）对驻地各板厂和炭厂进行集中检查，对未经环保部门审批的违法建设项目依法查处，一律要求停止生产。

（2）对有环保审批手续，未按要求排污和处理生产垃圾的企业，要求停产整治，验收合格后方可生产。

三 未来规划

以农牧业产业结构调整为基础，以工业发展为重心，以发展生态旅游为方向，以口岸经济为龙头，以扶持人口较少民族发展为动力，推进社会主义新农村建设，全力打造有机食品基地和生态文明民俗乡魅力名镇品牌。

（一）促进一产转型，强化基础地位

加大有机农牧业的发展比例，优化结构，转变生产方式，改善品质，降低成本，提高效益，增加收入，打造绿色产品品牌，形成绿色产业链条，拟建中国最大的有机食品基地。

（1）有机农业项目。计划筹集资金200万元，利用3年时间，协助农垦企业建立起200亩良性的有机农业生产体系，实现生物多样性、种植业平衡、土壤良性循环种养、作物营养平衡，科学控制有机食品生产全过程，降低污染，提高食品安全，扩大劳动就业，切实提高农业产量和从业人员收入。

（2）青贮饲料机械化加工示范项目。计划筹资 156 万元，利用 3 年时间，在作物播种、收获、打捆、加工、包膜工序中给予资金鼓励和智力支持，鼓励企业或个人扩大青贮播种面积，实现机械化生产规模，打造青贮饲料产业。该项目的实施既可以提高农经作物经济效益，也可以提高畜牧养殖科技含量，还可以根据市场供需扩大销售市场，提高农牧民收入。

（3）特色养殖项目。投资 42 万元，利用 2 年时间，扶持发展当地有银狐、貂、獭兔、白鹅等养殖经验的家庭进行特色养殖，帮助其开拓市场，打造品牌，使其获利，既扩大群众从业面、提高收入，还能促进乡镇经济快速发展。

（二）推进矿业发展，提高二产比例

以开发铁矿资源为支撑，坚持合理开发的原则，加强境内矿产资源勘探、开发力度，推进特色矿产业的发展，通过二产增收反哺一产，推进特色产品加工业，实现乡镇经济持续发展。

（1）矿产开发项目。积极寻找有资金、技术实力和具有发展生态工业的企业和个人，合作勘探、开发地下矿产资源，扩大地区经济收入总量，利用工业收入，补贴其他产业和社会事业，全面优化少数民族地区居民生存环境，提高社会服务质量。

（2）特色产品加工项目。筹资 60 万元，利用 2 年时间扶持群众发展特色农畜产品、山野菜、民族食品、日用品加工产业，帮助其开拓市场，打造品牌，既发展保护了民族文化，又扩大了群众就业面、提高了收入，还能促进乡镇经济快速发展。

（三）强进旅游业，壮大三产经济

完善旅游基础设施建设，建立旅游服务机构，加强精品旅游景点景区开发建设力度和旅游产品、纪念品开发力度，扩大家庭旅游接待规模，规范经营行为，提高服务质量，增加从业者收入，形成拉动、互动的三产经济链条。

（1）俄罗斯民俗游旅游区环境建设项目。恩和村拟利用3年时间，规划建设乡村俱乐部，集民俗酒吧、休闲厅、餐厅、观景台、漂流、垂钓等休闲游乐项目为一体。该项目已开工建设，计划耗资280万元。室韦乡拟建设青石浮雕文化长廊一处，对蒙古族圣源文化和华俄后裔文化进行集中展示，需资金150万元。建造以1∶20的比例放大的"2005中国十佳魅力名镇"奖杯一座，需资金30万元。

（2）俄罗斯族民俗文化保护项目。恩和需筹资20万元，利用2年时间实施俄罗斯民俗文化保护建设。室韦乡需建设资金40万元，拟建造2栋纯俄式木刻楞样板建筑和10辆俄式四轮马车。项目涉及俄罗斯族生产生活的各个方面。项目实施后，将不仅成为俄罗斯族历史的见证，而且也将成为室韦乡旅游业的坚强柱石，进一步推动室韦乡旅游业的发展。

（3）成立旅游服务中心项目。室韦乡计划筹资50万元，用2年时间，组建成立旅游服务中心，规范经营行为，购置或租用办公场所、车辆、服装、文艺器具等，雇用10~15人从事旅游市场管理、导游、游客分配、旅游产品开发、民俗节目制作和演出等。

第四章 社会生活

第一节 婚姻

一 民族通婚情况

恩和村是个多民族村,主体民族为汉族和俄罗斯族(包括华俄后裔)。由于历史原因,恩和村的华俄后裔有的户籍上的民族已改为俄罗斯族,有的显示为汉族。为真实统计本村通婚情况,我们这里用的俄罗斯族概念包括了华俄后裔(户口本上的民族为汉族)。我们对恩和村 80 户村民的婚姻情况进行了问卷调查,统计户主的通婚情况,结果显示,村内俄罗斯族之间通婚者有 28 户,占 35%;其次俄汉之间通婚为 23 户,占 28.75%;汉族之间通婚为 21 户,占 26.25%;俄蒙之间为 3 户,占 3.75%;汉蒙 1 户,占 1.25%;俄满 2 户,占 2.5%;汉满 2 户,占 2.5%(见表 4-1)。

表 4-1 恩和村抽查 80 户家庭通婚情况统计表

单位:户,%

通婚民族\时间	1955年前	1956~1965年	1966~1975年	1976~1985年	1986~1995年	1996年至今	总计	百分比
俄—俄	3	3	4	10	5	3	28	35.00
俄—汉	—	—	1	6	8	8	23	28.75

续表

时间 通婚民族	1955年前	1956~1965年	1966~1975年	1976~1985年	1986~1995年	1996年至今	总计	百分比
俄—蒙	—	—	—	—	—	3	3	3.75
俄—满	—	—	—	—	1	1	2	2.50
汉—汉	—	—	3	4	5	9	21	26.25
汉—蒙	—	—	—	—	—	1	1	1.25
汉—满	—	—	—	1	1	—	2	2.50

从人口数量上看恩和村的主体民族仍是汉族，俄罗斯族人口居第二位，其次是蒙古族等。俄罗斯族通常选择与本族或汉族结婚。调查的恩和村80户中有28户是俄—俄通婚，占35％，其中1966~1985年通婚户数14户，也就是说50％的俄罗斯族族内通婚是在"文革"或改革开放初期，因受当时政治氛围的影响，俄罗斯族普遍受歧视，村里族内通婚仍然占多数；从俄汉通婚23户看，"文革"期间仅有一家，"文革"结束之后俄汉通婚的占27.50％；汉汉通婚21户，占26.25％；俄蒙3户，占3.75％。这反映出族际通婚方面俄罗斯族与汉族通婚比例最高，俄蒙、俄满、汉蒙之间的通婚户占少量。

关于华俄联姻的故事村里有许多。2008年4月底，我们调查组来到恩和村，入住曲德欣家。得知我们来此并非旅游，而是做乡村社会经济调查，他非常热情地接待了我们，给我们讲了不少恩和的历史及现状。他讲的有关自己祖父曲洪生华俄联姻的故事很感人，许多人都知道这个故事，比如，2005年12月出版的《额尔古纳华俄后裔》、2007年中国文史出版社出版的《俄罗斯族百年实录》两书中就详细讲述了其祖父曲洪生的华俄联姻"一把抓"的故事，与曲德欣所讲基本一样，还有许多有关额尔古纳华俄后裔故事的书中都有这个故事。我们记录下的故事大致内容如下。

曲洪生是河北人，20世纪40年代正是中国战乱时期，加上连年闹灾荒，许多人家的生活都难以维持。曲洪生同几个年轻人，一同来到东北闯，他们边走边给人打短工，走了一年才到了满洲里稳定下来。他们在那里淘金、赶车、种菜等什么活都干。后来又在一家砖厂干活，砖厂的条件很差不说，还赶上了闹鼠疫，工地上死了很多人，老板强行让曲洪生等几个身体好的把死人丢进砖窑焚烧，他们无法忍受这种日子，于是曲洪生和几个同伴相约越过边境跑到苏联的赤塔洲，一开始是为当地的富有人家做雇工，后来听说金矿能赚钱，就来到一个叫巴列伊的俄国人金矿里打工。曲洪生在矿上结交了一些俄国朋友，他们给他取了个俄语名叫瓦西里。朋友们热情地给他介绍了一个对象名叫阿妮西娅的姑娘，姑娘爱开玩笑，初次见面就给了曲洪生一个难题：要是你能给我买一条"一把抓"的裙子，我就嫁给你。"一把抓"其实是俄罗斯人对中国出产的丝绸裙子的称呼，这种裙子叠起来可以一把抓在手里，当时在苏联属于名贵商品。曲洪生一口答应下来，当即向俄罗斯朋友借了一匹马，马不停蹄地向海拉尔赶，来回走了10多天，终于买回了"一把抓"。就这样，阿妮西娅嫁给了老实厚道的曲洪生。婚后他仍然在金矿淘金，吃了不少苦。时间长了免不了思乡，后来金矿上发生了一起盗金案，当地警察逮捕了许多中国工人，曲洪生再也待不下去了，便和阿妮西娅带着孩子回到了祖国，回到了额尔古纳河南岸，他们先是在苏沁、三河等地居住，后来定居在恩和村。

二 结婚年龄

根据内蒙古自治区执行《中华人民共和国婚姻法》的补充规定，居住在内蒙古自治区的蒙古族和其他少数民族的结婚年龄，男不得早于20周岁，女不得早于18周岁。表4-2统计数据显示，恩和村男子有2人早婚，女子全部达到法定婚龄。女子在20~22岁之间结婚的最多，占被调查总人数的20.67%，男子初婚年龄则集中在23~25岁之间，占被调查总人数的22.67%，男子在26~28岁结婚的人数也不少，占14%（见表4-2）。

表4-2 恩和村150人初婚年龄统计表

初婚年龄（岁）	男（人）	女（人）	总计（人）	百分比（%）
18~20	2	11	13	8.67
20~22	9	31	40	26.67
23~25	34	26	60	40.00
26~28	21	6	27	18.00
29~30	6	1	7	4.67
30岁以上	3	0	3	2.00

第二节 家庭

一 家庭规模

在恩和村297户家庭里，以3口之家为最多数，占总户数的53.2%，其次为2人家庭，占18.2%，4人家庭占16.5%，其他家庭户数较少（见表4-3）。

表 4-3　恩和村家庭规模统计

家庭人口（人）	1	2	3	4	5	6
家庭户数（户）	19	54	158	49	15	2
百分比（%）	6.4	18.2	53.2	16.5	5.1	0.7

二　家庭结构

我们入户调查的 92 户家庭中，家庭结构类型以核心家庭为主，所谓核心家庭是指已婚男女和其未婚子女所组成的家庭，有 61 户。其次是主干家庭，所谓主干家庭是指由一对夫妇与父母和未婚子女聚居生活的家庭，主干家庭是以直系亲属为主的几代同堂的家庭，它是核心家庭扩大的结果，有 9 户。单身家庭 4 户，所谓单身家庭是指孤老户以及那些终身不娶或不嫁的男人或女人组成的家庭。空巢家庭 18 户，空巢家庭指子女不在身边的中老年家庭（见表 4-4）。

表 4-4　家庭结构类型统计（调查 92 户）

家庭类型 \ 家庭人口	1人	2人	3人	4人	5人	百分比（%）
核心家庭户	—	1	52	8	—	66.3
主干家庭户	—	—	—	7	2	9.8
单身家庭户	4	—	—	—	—	4.3
空巢家庭户	—	18	—	—	—	19.6

三　家庭日常消费

在恩和村，我们共入户调查 92 户家庭，统计家庭收入和日常消费情况。收回的 92 份问卷中，日常消费方面有 32 份填写极少量内容，剔除掉这部分，有效问卷 60 份（见表 4-5）。

表4-5 恩和村日常生活全年各项支出平均费用（调查60户）

支出项目	有此项支出 家庭数（户）	百分比（%）	支出费用总数（元）	60户平均支出（元）	占总支出百分比（%）
粮油	60	100	93441	1557.35	12.4
蔬菜	46	76.7	15660	261	2.1
肉类	56	93.3	91710	1528.5	12.2
瓜果	60	100	15265	254.42	2.0
酒类	44	73.3	9985	166.42	1.3
烟类	29	48.3	20530	342.17	2.7
糖类	24	40	3535	58.9	0.5
茶类	24	40	1205	20.08	0.2
奶食	9	15	4316	71.93	0.6
衣物	50	83.3	56200	936.6	7.5
医疗	47	78.3	114540	1909	15.2
教育	20	33.3	38700	645	5.2
随礼	60	100	114700	1911.66	15.3
通信	45	75	45720	762	6.1
水电	60	100	26530	442.17	3.5
节庆	60	100	67800	1130	9.0
交通	41	68.3	31600	526.66	4.2
总计	—	—	751437	12523.86	100

1. 粮油

粮食支出包括大米、白面和食用油三项，其中大米总费用18075元，每户平均301.25元；白面总支出费用37306元，每户平均621.77元；食用油总支出合计38060元，每户平均634.33元。从各项支出内容看，恩和村人吃面食多于米类，原因主要是当地不产稻米，另外俄罗斯民族的传统主食以面食为主。从食用油使用情况看，当地居民吃煎、炸食品较多。

2. 蔬菜

60 户中 14 户蔬菜完全自给，其他也有部分蔬菜（比如土豆）自给，因此蔬菜方面花费低于其他消费，有此项消费的人家最低一年 80 元，最高一年 2000 元，消费差距较大。

3. 肉类

恩和村居民的肉类消费相对较高，除 4 户人家一年的肉类完全自给，其余人家部分自给（比如鸡鸭）外，均有不同程度的花费，最低年消费 300 元，最高 5000 元，消费差距较大。

4. 瓜果

60 户都有此项消费，其中 16 户平时这项支出很少，只在年节购买少量，不超过 100 元。

5. 酒、烟、糖、茶

恩和村居民喝酒的数量还是比较大的，但他们以喝散装白酒为主，因此花费并不高，最低年消费 20 元，最高年消费 1000 元。

调查户中有 31 户自家不吸烟，只是逢年过节待客买少许，用他们的话说这部分消费可以忽略不计。其余 29 户最低消费 100 元，最高 1500 元。

糖的消费相对少，只有做面包或糕点的人家用糖多些，最多的年支出 300 元。

茶消费不高，基本都在二三十元，最高的 80 元，主要是熬奶茶用。

6. 奶食

恩和村大部分家庭养牛，所以奶食品基本都能自给，调查的 60 户家庭中有奶类食品花费的仅 9 户。

7. 衣物

据调查统计，2008 年恩和村居民衣物消费平均每户在 936 元左右，少则 200 元，高的在 4000~5000 元不等。其中服装消费支出约占整个家庭总支出的 10% 左右。基本消费趋势是：老年人服装消费少，年轻人服装消费多；男性服装消费少，女性服装消费多；富裕户服装消费多，一般户或困难户服装消费少，调查的 60 户中有 10 户该年没有衣服消费。大多数在家务农或做工的人，基本上购买的都是镇上服装店里的服装，比较便宜，而在外务工或家庭有比较固定收入的人群，购买的服装与当地城里人的差不多。

8. 医疗保健

医疗消费的调查统计显示，年消费 5000~10000 元的有 9 户，10000 元以上的有 5 户，占据了被调查户的 0.9%。在农村，农民如果没有农副业的支持，仅靠种粮食的收入，支出高的医疗消费，势必导致个别农民家庭"因病致贫，因病返贫"，因而在现阶段因地制宜地推行农村合作医疗制度，是解决农村人民群众因病致贫的一项重要措施。

9. 教育

调查的 60 户中 20 户有教育支出费用，子女教育花费年均 1935 元。调查户当中教育费用支出最高的是年均 1.6 万元，最低的是年均 200 元。

10. 随礼

重视礼尚往来是恩和村人的交际传统。村中的交际消费主要体现为婚丧嫁娶等方面的礼金消费。从调查结果看，恩和村礼金消费是日常消费中最多的，平均每家每年 2000

元左右，占总支出的 15% 以上。村里礼金消费最高的两户年 7000 元，最低 500 元。如今村里早期的那种实物礼基本已经不存在了，现在的礼都采取现金的形式。村里有相当一部分人认为礼金消费已经成为他们的生活负担，但并没有人刻意去反对，都是无可奈何的接受。

11. 通信

随着农村经济的发展，村民生活水平逐渐提高，人们的消费结构发生了很大变化。通信技术的发展和激烈的市场竞争，使通信价格朝着有利于老百姓消费的方向发展，各种通信工具（手机、座机电话）更多地进入村民家庭，通信支出增加。45 户有电话的人家最低年消费 200 元，最高 2000 元。

12. 水电

居民用水都是自家井水或直接饮用哈乌尔河水，调查的居民都没有填写此项消费。据村民讲，20 世纪 80 年代以来，村民自己打井，深为 30 米左右，多挖在室内，这样的深水井也未达到卫生标准。2006 年，乡政府出资打造了一口深为 70 米的地下井，但是村民要交费购买此井的水，每桶要 1.5 元，电话求购，负责送水到家，百姓认为较贵，很少购买。

随着人们生活水平的提高，家用电器使用增多，用电量也加大。村民用电的差距很大，最低 100 元，最高 1000 元。

13. 节庆娱乐

村里节日比其他地方多，汉族的节日要过，俄罗斯族的传统节日也要过。现在的生活条件好了，节日期间人们互道祝福、聚餐送礼、祭祖、拜神、娱乐等活动，越办越热闹，消费也越来越多。消费最少的一年 300 元，最多的 5000 元。

14. 交通

使用交通工具（摩托车、三轮车、四轮车）、乘坐交通工具等支出每户平均 526.66 元，这方面开销最大的一年 3000 元，最少的 100 元。

第三节　日常生活

一　服饰文化

（一）俄罗斯族服饰变化

20 世纪三四十年代，额尔古纳俄罗斯族的生活习俗基本与苏联的俄罗斯人相同，因当时额尔古纳境内 80% 左右的居民都是苏侨或华俄后裔。当时的衣料主要是土布和洋布，还有"更生布"。"更生布"是用破棉絮和破衣服再生出来的布，有的是用植物秸秆织成的麻袋片，是过去生产力低下的产物，也是穷苦人民生活的写照。当时民间有这样的一句顺口溜："更生布！更生布！三天不到露屁股。"当时有些富裕的苏侨大多以各种颜色的丝绸为面料做衬衫，还带各种图案的绣花。普通百姓则多数用平纹的土布，颜色以黑、白和灰为主，样式较为单调。

男子冬天一般穿缝成竖条状的棉衣裤，头戴呢帽或带耳罩的毛皮帽。到野外放牧或赶马爬犁时，则穿鞣制的原色皮面大衣，或毛朝外的软皮大衣，当地人称之为"皮大哈"。脚穿毡靴，又称"毡疙瘩"。夏季，农民还穿一种用桦树或柳树皮条编成的简易鞋子（见图 4-1）。春夏季俄罗斯族男子传统的服装是鲁巴哈（рубаха），是一种短上衣，样式简单，偏宽大，身子和袖子连在一起裁剪，类似中国过去的中式袄，只不过鲁巴哈没有对襟，前后是整块的布，讲究的人家喜欢在领口、袖口和下摆边缘绣些彩色的图案，套头穿，穿时扎腰带。这种衣服缝制简便，也便于劳动干活，当时很受欢迎（见图4-2）。

图4-1 桦树皮鞋

图4-2 俄式鲁巴哈

女子的着装更具特色。"布拉吉"（платье）是当时俄罗斯族女子主要的服装。俄罗斯族妇女四季都喜欢穿裙装。

鲁巴哈也是传统的女装，女式的鲁巴哈样式有点像长袖的连衣裙。俄罗斯族妇女下地除草都穿鲁巴哈，因为它可以防止麦草扎刺皮肤，又称它为"割草裙"。鲁巴哈是宽大直筒式的，没有腰身，穿时须束腰带。当时都是用亚麻布制成，裙摆裁剪的很宽大，一般为90～140厘米，长度短的则在膝盖以下，长的则到脚踝部。这样，无论外面穿大衣或是皮外套看起来都很美观，衣服的布料随季节厚薄不一。冬季裙子内穿护膝、护腿、厚袜、厚毛裤，脚穿高跟皮靴，一般是靴头为亮面牛皮，靴筒毛朝里，为黑色或棕色的羊皮软靴。夏季喜欢穿有小圆翻领、卡腰的、薄的连衣裙，还习惯在衣裙外面再罩上一条小围裙。裹头巾是俄罗斯族女子一大爱好，当时只有方形的布头巾，颜色多为深色，叠折成三角形，围系在下颌下一侧或中间，方便干活。

新中国成立后，恩和村的俄罗斯族的服饰也在变化。服装衣料逐渐出现花旗、华达呢、咔叽、斜纹，后期增加了呢子、哔叽、府绸、灯芯绒等，其中灯芯绒穿用较普遍。这时期的俄罗斯族多喜欢穿列宁服和便服，配以俄式灯笼裤，春秋穿绒衣。列宁服（见图4－3）的外观是西服大翻领、双排扣、双襟中下方均带一个暗斜口袋。此外，女式列宁服有时还会附加上一条腰带或者两边卡腰。列宁服一般是女子工作时候的服装，日常生活中穿裙子较多。"萨拉方"（俄语сарафан）是此时女子穿的另一种无袖连衣裙装，它是一年四季都可以穿的服装。冬季"萨拉方"用厚呢、粗毛、毛皮制成，里面贴身穿棉麻衬衣，然后围上厚厚的毛披肩。夏季"萨拉方"的面料是粗麻布、印花布等，衣服上还饰有绣花、补花、丝带，显得自然、活泼、随意。

除夏季外，女子仍然喜欢头戴头巾，有各种各样的花色。

图 4-3 列宁服

20 世纪 80 年代以后，人们生活水平逐渐提高，开始比较在意穿的方面，服饰丰富多彩了。衣料出现了的确良、涤卡、涤纶等各种化纤纺织品。买成衣的人们越来越多，自己缝制的渐渐少了。男式服饰以中山装、西装、夹克衫、各种风衣、休闲服等为主。中老年妇女的主要服装仍然是裙装，夏季连衣裙，冬季半截裙，头上的围巾仍然保留，老人们很喜欢这种穿戴，只是衣服的质量和样式发生了变化。

现在恩和村的俄罗斯族穿着上还保留着一些传统风格，特别是冬季，穿着特点鲜明，如冬季脚上习惯穿"毡嘎褡"、"五特能"（用皮子做成，里面有毛），外衣也穿大哈（大多数用羊皮做成，用狍皮做得更好），头戴用珍贵兽皮做的帽子，女人则裹头巾，披大披肩等。其他季节的服装同东北地区汉族人穿的没有什么区别。

（二）服饰消费

恩和村民的服饰消费随着生活水平的提高而发生变化。

屯子刚建立初期，生活条件有限，人们基本不做新衣服，大多数是改改旧衣服，"新三年，旧三年，缝缝补补又三年"这句话真实地印证了当时的情况。这里的妇女很能干，操持家务，照顾孩子，有的给富裕的家庭帮佣，换取一些食物或旧的衣服，拿回家改改，给大人或孩子穿。新中国成立以后，特别是恩和牧场成立以后，生活条件有所改善，过年过节的时候，一般都可以给孩子们做一件或一身新衣服，都是由当地裁缝手工或缝纫机制作的。当时恩和村有两三个裁缝，都是女性。缝纫价格一般是裤子3元，上衣4~5元。20世纪90年代以后，村民的生活水平显著提高，人们已经很少穿手工制作的衣服了，绝大多数都购买现成的服饰。每年夏季，服装商贩就来到恩和村，或租赁房屋开店售衣，或摆摊设市，再者推车沿街叫卖。村民遇见喜欢的就购买，人均年服装消费在300~400元左右。

二 饮食文化

（一）饮食变化

20世纪30年代末，恩和屯刚建立，大批俄侨带来了大量牲畜和当时较先进的畜力机具，开荒种地，富裕的苏侨雇用缺少生产资料的当地农民为其耕作。1949年以前，华俄后裔多数是通过从事农、牧和狩猎业而过着自给自足的生活，家庭饮食兼有汉俄两种文化习俗。

当时，额尔古纳地区的苏侨几乎家家都种植一定数量的"牙利次"（一种类似谷子的小麦），株高1.5~1.6米，麦粒成熟时1厘米左右，干麦粒呈浅绿色，但产量高,一般都用做饲料(大麦掺上"牙利次"麦子,牲口吃后上膘极快)。用此面粉烤制出的面包呈黑青色、略带酸味,是当时俄罗斯族家庭重要食品之一。这里的霜期较长,不能种植玉米等作物,只有用麦类交换。麸子面、炒麦是主要的日常饮食,面粉粗糙,颜色发黑,可以做中式的馒头、烙饼、面条等,也可以做俄式的鸡蛋饼、"列巴"等。

列巴在俄罗斯国家是人们的一种家常主食,每餐必有。额尔古纳的俄罗斯族虽然也喜欢列巴,但已不是家常主食了,他们的日常主食同东北的汉族差不多。一般人家自己做列巴的次数一年也就两三次。做列巴的工具有列巴炉、列巴桶、列巴槌(是用来和面的),材料有麦麸面、油、糖、盐、列巴引子(院内种植的一种多年生草本植物,也叫啤酒花,8月开花,秋后晒干收藏,用时将其用水煮沸,和入面粉,形成手指肚大小的面疙瘩,晾干待用)、土豆泥、干稠李子粉,基本上都是自产自制。列巴的做法是:将列巴引子泡开,做成面酵子,用列巴桶发面,12小时后,开始做面包,放入油、糖或盐,做成各种形状装烤盘,放入列巴炉烤。第一炉烤得时间短,需要30分钟,之后越来越长(列巴炉的温度越来越低),刚出炉的面包很香。当时人们主要做酸面包,就是加盐的面包。

副食基本是就地取材,遍山林的各种野菜、野果、菌类都可以食用。当地野果种类繁多,有红豆、都柿、稠李子、山丁子、水葡萄、旱葡萄和草莓等;林地的菌类有桦树蘑、花脸蘑、白蘑、鸡腿蘑等,一方面可以制作酸蘑菇,当地很有特色的一道凉菜,另一方面可以晒成干蘑菇,随时可以食用;恩和村的哈乌尔河盛产鲤鱼、细鳞、狗鱼、华子鱼、柳根鱼和泥鳅等;山林里的野生动物也很多,有飞龙(榛鸡)、野猪、獾子、鹿和熊等,这些丰富的天然食物为村民提供了丰富的饮食。村里多数人家养奶牛,可以自制希米丹(稀奶油),又可以自制俄式奶茶。村民自采山茶,放入专门的铜制烧水壶(самовар),待水烧开,再用小火熬滚多时,将茶熬透后饮用。俄式奶茶基本是直接往茶里兑生牛奶。喝茶时,旁边备有食盐和糖,可依个人口味添加。

20世纪50年代中后期,由于长期的汉、俄等民族的共同生产和生活,汉族的饮食习惯基本被俄罗斯族接受,传统的俄式饮食上餐桌的机会越来越少了,其饮食发生了很大变化。1963年成立了恩和牧场,集体机械化耕种,粮食产量增加,一日三餐有保障,温饱基本没有问题。这时的主食仍然是面食,但不再吃麸子面和"牙利次"面粉,偶尔也会吃玉米楂、小米和大米。家家都有列巴炉,隔三差五做一次,很少有做黑列巴的,都做白面包,此外还烤制各种糕点和饼干。

烘烤和煎制是俄罗斯族过去常用的烹饪技术,主要用列巴炉烘烤。烤制的食品种类很多:一类是各种带馅食品和肉饼,经常食用的是一种用动物(牛、羊、猪)的内脏——主要是肺,加入少量的心和肝,或者掺一些蒸熟的米饭包烤制成的小馅饼;另一类是烤各种蔬菜,将青椒从蒂部挖一小孔,将内核取出,将拌好的萝卜丝、白菜丝等馅放入,烤熟食用;三是烤制用调料腌好的羊腿、鸡、鸭、猪肘子、鱼以及各种野味等,特别是烤乳猪,是俄罗斯族人人喜爱的一种上等名菜。

煎制的食品种类也很多,较有特色的是俄式"блины"

（波利内）煎饼，类似汉族的鸡蛋饼和发酵的荞面饼，只是食用的时候，要蘸奶油、蜂蜜、希米丹或各种果酱等，是老人和儿童喜爱的食品。饺子也是俄罗斯族喜爱的食物，他们食用的饺子被称作西伯利亚饺子，饺子个头很小，圆形，馅同汉族的饺子差不多，只是用胡椒粉、月桂、香叶、葱花等调料放在肉汤里煮，类似我们的馄饨。还有一种最具特色的称为"达罗克"的饺子，它是用酸牛奶渣子，只加葱花、希米丹做馅的饺子，别具风味。俄罗斯族对汤特别钟爱，会熬制各种汤菜，其中较有特色的是苏伯汤（суп），用俄式酸白菜加小茴香做成的，很有味道。

俄罗斯妇女很会腌制酸白菜、酸蘑菇、酸黄瓜、酸西红柿等，是俄式特色腌菜，很受欢迎。喝奶茶的习俗一直延续，喝奶茶的时候，除必备的食盐、糖、奶油外，桌上还有面包和各种各样的饼干和点心，甚至还配放几碟果酱、火腿肠、酸黄瓜等，三餐后，边喝、边吃、边聊，十分惬意。果酱都是自己上山采集制作，主要有稠李子酱、蓝莓酱、红豆酱三种。当时有些俄罗斯族人还会自己酿制啤酒（пиво），或用大麦、野葡萄酿制白酒或红酒。此外，夏季家家都自制饮料噶瓦斯（квас，一种清凉饮料），冬季用牛奶、鸡蛋、白糖自制雪糕，他们的生活原本很惬意，但是在20世纪六七十年代，受自然灾害和"文革"的影响，俄罗斯族人们不仅精神上受到迫害，生活质量也一落千丈，馒头、稀饭就咸菜，成了日常的基本饮食。

20世纪80年代以来，多样的汉式饮食成为俄罗斯族主要的日常饮食，美味的俄式饮食只有在节日或是俄罗斯家庭旅游户招待游客时，才能享用到。恩和人仍是以面食为主食，搭配大米和小米。从60户村民消费调查中看，俄罗斯族与汉族的吃法基本一样，馒头最多，面条、面疙瘩次之，再就是饺子、烙饼。俄式的面食主要是面包，但不是家家都做列巴，会做列巴的俄罗斯族手艺人也在减少，年轻人基本不会做，大多数是购买。过去打列巴的材料有限，现在列巴的辅料花样多，增加了巧克力、各种奶酪和干果、香料等，量也加大，基本都做甜列巴，酸列巴很少上餐桌了。列巴有长方形、圆形、圈形、花瓣形等形状，种类也在不断增加，已经达到20多种样式。恩和村有5家自己做并出售俄式面包，除供给当地居民外，还销往外地。

副食的种类也在变化。自家院内的蔬菜种类也多了，有长、圆白菜，马铃薯，大、小茴香，韭菜，芹菜，卜留克等即时蔬菜。日常生活中食用的热菜主要是中式的炖菜，如豆腐炖鱼、土豆丝、猪肉酸菜粉等家常菜。

俄式烘烤的肉饼、肉丸子、肉卷、杂碎饼，煎制的鸡蛋饼、俄式火腿、熏鱼等菜肴过节或招待客人时才上桌。现在的俄罗斯族喜欢吃青菜，喝"苏伯汤"的传统至今仍保留。冷菜主要有沙拉（土豆泥）、糖拌俄式酸菜、自制的酸蘑菇和酸黄瓜等。果酱种类增加，出现了果酱，能治胃病。俄罗斯人还会自制蓝莓、稠李子、野草莓等饮料，酸甜味。奶茶的熬制方式越来越简单化，过去的炭火铜壶已经放入民俗馆，烧水改用铝壶炉火熬制或电热壶烧水，或者直接买现成的奶茶粉，茶叶种类也增多，有花茶、绿茶、红茶等。现在吃饭主要使用筷子，小勺也渐渐地多起来，用来喝汤。

过去的列巴桶早就不见了，厨房也有了电饭锅、煤气灶、抽油烟机等灶具。每天一日三餐，早点一般是稀饭、馒头或包子、自制的咸菜；中午一般是米饭、炒菜（中俄两吃);晚饭多吃面食,面条或面疙瘩。我们两次在恩和村调查时都住在不同的俄罗斯族村民家里,一日三餐随他们吃,基本都是这样。

(二) 时节饮食风俗

俄罗斯族有一个盛大的节日——巴斯克节,又称"耶稣复活节",节日的前7周为大斋节,信徒们要吃素,不吃荤(特别禁忌鸡蛋)。节日期间,俄罗斯族妇女们要烤制各种各样的面包,其中"古力契"面包是必不可少的,形状呈圆柱形,又有点像粗壮的"鸡腿蘑菇",它的圆柱体上面必须用鸡蛋清浇上"XB"字样,这两个字母是俄文"Христос Воскрес"(耶稣复活了)的首字母缩写。这种面包除节日用来敬神,也是专门用来招待贵宾的上等佳品。同时,还要将煮熟的鸡蛋染成五颜六色,上面也要画一个"XB"符号。孩子们拿着这些彩蛋在草地上滚着玩,并以彩蛋相互之间碰撞,成人也玩这种游戏,看谁的鸡蛋韧性强、硬度好,也可以作为评定冠军的标准,来客人的时候,也要拿出这种彩蛋款待。

图 4-4 古力契面包和彩蛋

三 居住文化

（一）民居的变迁

1. 地窨子

地窨子是20世纪30年代至60年代左右村民居住的一种房子，赫哲语叫"胡日布"，当地人称它为"地窨子"，这是恩和村最早的民居形式，曾经是东北地区满、赫哲、鄂伦春等民族长期居住的房子。

地窨子一般建在背风向阳、离水源较近的坡度40度左右的山坡上。建筑工具简单，主要有：斧子、二齿钩子和铁锹等。建筑材料有圆木、灰条子、薄木板、树毛（苔藓）、马粪和泥巴等。建筑程序：首先选在坡高1.8~3米处，挖出此高度以上的土石，放置旁边待用，将其挖成半圆形，顶清平，四边各垒三层圆木（直径20~30厘米），第一层圆木接近土层的一面削平，另一面中间部分用二齿钩子勾出槽，两层圆木之间可以相楔，再塞上野外拾的"树毛"，必须是湿的。圆木两边刻出"梯形"槽，用于四个墙角之间圆木的连接，还要提前做好木楔子（长30厘米，最粗约4厘米），在此处楔入两个用以牢固连接处，墙角的圆木一直交错露在外面。三层垒好后就上梁，30平方米的房子大约要用5根圆木（直径18~25厘米），之后铺上劈好的薄板（厚约4厘米），放上牛马粪来保暖，再甩上泥巴，屋顶就建成了。屋里三面墙，用圆木（直径5~10厘米）支上，与顶上的三层圆木中的底层连接好，每面墙的圆木上再斜钉几根灰条子（长10米，直径10厘米），便于挂泥，甩上泥巴。三面墙一面开口，开口处先留好门，其余部分和做里面墙的方法一样,地窨子就建好了。

早期的地窨子是独门独户,室内结构特别简单,只有一扇进出的门,屋里再没有其他的门,窗户也是只有一面,和门在一个方向上,没有特别的颜色,屋内是泥巴墙,门窗是原木色。屋内建火墙,一方面为取暖,另一方面起遮拦作用,将室内分成敞开的两部分,厨房和卧室,厨房也做储备室。所谓的卧室也是客厅,其实各室都没有很明确的划分,一进门都能看得一清二楚。屋里还建俄式列巴炉,炉膛上面的面积相对大些,也可以睡觉,一般是孩子们使用。

地窨子民居的室内装修简单、色调也单一,居民根本不讲究这些,他们注重的是干净、整洁和暖和。窗户又窄又小,呈长方形,长约 1.2~1.3 米,宽约 70~80 厘米,窗格从中间一分为二,再拦三道,共六格,一般安两层,里面的一层不能打开,外面的一层能敞开。门和窗都是原木色。地面是硬化后的土地,墙面是一色的土泥巴,还有无任何色调的原生态的木制家具。当时人们生活条件有限,生活用品更是有限,也不需要专门的家具。对恩和人来讲,吃饱、穿暖、有一个遮风挡雨的住所就满足了。

图 4-5 早期的地窨子民居

2. 木刻楞

木刻楞民居是额尔古纳河流域一种单门独院的俄式原木结构的民居，具有冬暖夏凉、结实耐用的优点。恩和村的木刻楞民居是20世纪50年代兴起的。随着社会的发展，人民的生活水平逐步提高，不愿意住地窨子了，开始拆除地窨子，兴建木刻楞民居。现在木刻楞成为恩和村最常见的民居。

图 4-6 木刻楞民居

木刻楞的建造方法、室内结构与地窨子是有异同的。建筑木刻楞的工具主要有斧子、二齿钩子、铁锹、大肚子锯、杆钻等。建筑材料也相对多一些，除了以上介绍的建地窨子的那些材料外，还有水泥、石头、沙子、钉子等。建造一个完整的木刻楞一般需要6个步骤：第一步打地基，当年大部分居民住地窨子的时候，村里有三五户人家住的是木刻楞，当时建木刻楞不打地基，直接垒原木，原木的直径要达60厘米以上，后来开始兴打地基，房子的稳固性高了，说明村民建房的技术水平在提高。那时村里宅基地随便选，不花钱。选好宅基地后开始挖地沟（宽40~50厘米），一般挖到砂石层，靠河边的砂石层深约1米，村中要3米左右的深度，然后堆石头、灌水泥，风干两三天后，继续建房。第二步是垒原木，一般的木刻楞房子都需要垒19层，也不是死规定，可以因人而异。垒法与地窨子一样，只是四个交错的角有些变化，凸出的部分不再外露，与墙面切平，规范而整齐。第三步是上梁，建造地窨子不讲究上梁的时间，建木刻楞上梁的时间一般在中午12点之前，放鞭炮，喝梁柁酒。热闹一番后，开始铺天棚板（厚5厘米），先不铺马粪，上完顶再铺。第四步是上牛虻架子（顶盖），提前做好"人"字形木板架子，然后铺上劈成的雨淋板，当地人说，劈的板要有纹，顺水，不容易漏水。钉的时候也要从下往上钉，好板在下面，耐性好。第五步就是安装窗户和门，特别是窗户，要雕刻各种各样的花纹，来装饰门窗，民族性很强。第六步是室内墙面钉灰条子，甩泥，砌火墙，木刻楞就建好了。

木刻楞室内的结构也有了变化，出现了三套间结构的木刻楞，又增加挡风作用的门斗房，当地人称"厦子"、"耳门"等。俄罗斯人很爱干净，屋内一尘不染，屋外井井有条。厨房里摆放地桌、椅子，都是木制的。厨房一方面平时吃饭使用，另一方面也是用来待客的地方，有一房多用的功能。门厦子一般是在木刻楞的一面附加的木板房，可以存放杂物，可以阻止脚底踩到的脏物带入室内地板，维护清洁，最重要的是挡风，起保暖作用。

村里木刻楞房屋的外表大致一样，但有些许差异，比如讲究的人家，木刻楞的门、窗，还有上部房檐、窗檐和门檐三檐上有雕刻和彩绘,"三檐"多采用冷色调的蓝、绿、浅绿等,房顶多为"人"字形,铁皮涂紫色或棕色,也可以根据各家各户不同的爱好涂上自己喜欢的颜色。屋内木地板也取代了土地面,但是不涂颜色,是"白茬"色。

20世纪80年代后期,恩和村俄罗斯族木刻楞民居室内结构变化明显。室内空间突破传统设计,有多个单元,形成多个房间,出现了专门功能的居室。主要是通过暖器来取暖,又保留传统火墙取暖。老人们喜欢居住有火墙的房间,年轻人接受新事物,大都安装暖气片。还有了专门的会客厅、厨房,甚至是储存室。今天,恩和村的俄罗斯族室内格局,每天都在变化,家庭旅游正在兴起,房间的大小在扩展,房间的数量在增多,因此出现了小走廊,协调各个房间的设置,在走廊里,你会看见各种各样的花卉,冬天里更是争奇斗艳。俄罗斯人爱干净,都建有自己的浴室,不同于汉族的淋浴或浴缸,是俄式传统的桑拿浴,或者是紧靠主房建一个板房,或者是单独的一个约5~9平方米俄式板房,可以蒸,也可洗浴,很受当地人和游客的欢迎。

木刻楞窗户的大小和窗格也变了,窗格变成上下两层,上面两块,下面四块,相对以前更加敞亮。木地板也涂成彩色,多为橘黄色,也有些人家换成地板砖,室内的餐桌除了涂清油之外,还会装饰一些主人喜欢的有不同图案点缀的台布,既干净又美观。最大的变化是,许多人家客厅的木桌、木椅都换成了新潮的现代沙发、茶几,多数村民的家庭装饰正在向现代化生活方式转变。

近年来,随着生活条件的不断改善,人们新建的木刻楞越来越漂亮，出现了二层木刻楞房，样子也很别致。

3. 砖房和木板房

20世纪90年代末，恩和村先后出现砖房和木板房两种住房形式，较早出现的是砖房。现在恩和村的砖房总共有9处，6处是单位用房：2003年建的林场，大约300平方米，平房；2004年政府建的办公楼，大约1000多平方米，一共两层；2005年建成的牧场、学校教学楼和联通服务点，分别是三层1000多平方米、三层1450平方米和93平方米的平房；还有2008年9月刚建成的400平方米的卫生院。3处个人住房，都是平房，最大面积约100平方米，最小有50平方米。其中有两家是俄罗斯族，一家是汉族。板房也不多，总共有5家，最早一家是木匠出身的蒋姓汉族，他在2000年建了大约50平方米的房子。其中有一家是做仓房使用。据当地人讲，现在木刻楞盖不起了，木头太贵，又不能随便砍伐，要保护山上的树木，而砖房又不好住，木板房便宜，以后盖房子，没钱就只能盖板房了，但是村民最钟爱的还是木刻楞。

板房建造比较简单，最早的材料是刨花板，每张1.22米×2.44米大小，厚度约2厘米。当地木匠讲，50平方米的板房需要70张，每张10元。不久又出现水泥板，厚约1厘米，现在主要是保温板，1米×2米大小，10元一张。还有塑料布，需要25公斤，1公斤30元。盖板房也要打地基，灌水泥，之后地基4个角立4根8厘米的柱子，呈正方形，相互之间锁口、镶嵌固定，然后两层中间夹着塑料布的刨花板，顶棚也是如此，连接好，安门窗，室内刮腻子，砌火墙，就可以入住了。

(二) 房屋的修缮及更换

恩和村俄罗斯族民居的主要形式仍然是木刻楞,我们入户调查的60户中,木刻楞民居房龄最长的已经48年,房龄最短的为1年(见表4-6)。

表4-6 恩和村居民房龄统计

房龄(年)	10年以下	10~19	20~29	30~39	40~49
户数(户)	6	8	15	12	19
比例(%)	10	13	25	20	32

2000年以后,木刻楞的建造费用不断上涨,每平方米大约需600元。重新建造木刻楞造价较高,村民就把旧的进行翻新。主要翻新对象:一是把腐烂、破损、漏雨的"灯笼板"换上铁皮或石棉瓦,"晴天一身土,雨天一脚泥"的现象得以改变;还要换修破损的门窗,拆掉"白茬"单色调的老式门窗,进行花纹雕饰和彩绘,使房子从外观看俄式韵味十足。二是粉刷室内墙壁,主要有两种,一种在墙面木条上抹层麻刀灰(白灰和碎麻混合),另一种是抹草泥和细沙土的,现在只流行白灰,地板是黄漆,整个室内显得干净、明亮。三是翻修火墙,现在恩和村俄罗斯族仍然喜欢这种取暖方式,特别是老年人。四是墙院的整修,要求全部是板杖子围墙。个人进行房屋修建费用,一次至少要3000元,贫困居民根本无力翻修。为此,2007年,恩和政府进行了整改危房的工作。整修了3条主要街道板杖子2170余米。改造街区内洼地和沼泽地6处,总面积4368平方米。共拆除废弃建筑及房屋5处,为村居百姓房屋封堵房山头1649.7平方米,无偿提供桦木板皮60.2立方米。

东北边陲的俄罗斯民族村

图 4-7 板杖子围墙

(三) 房屋的辅助设施

1. 列巴炉

恩和村俄罗斯族家庭居住地窨子的时候，列巴炉不仅用于烤面包，还可以做饭，蒸烤食物，甚至充当火炕。我们调查过程中发现，有很多俄罗斯族家庭仍然保留室内的列巴炉，只是很少使用了。建造一个列巴炉，需要原木、土坯或砖、沙子、河流石等材料。首先垒原木（直径 11~12 厘米）3~4 层，里面铺上河流石，与原木齐高，主要起到保暖作用，接着再砌两层砖，形成一个平面。然后用砖搭成一个高 50 厘米的半圆形，上面加一个烟囱，一个完整的列巴炉（见图 4-8）就做成了。每逢节日，俄罗斯族都要烤上香喷喷的各式面包，一方面自己食用，另一方面迎接各方来客。

2. 门斗（又叫偏厦）

村里大部分民居都有这个建筑，最初的目的是为了防

第四章 社会生活

图 4-8 列巴炉

冬季寒风直接吹入室内，起隔风保暖的作用，现在用处较多，比如人们进屋时，防止灰尘和泥土直接带入室内，门斗和主房门口都放有擦鞋垫，门斗还有储藏食物、洗漱间、小茶室、夏季厨房等作用。门斗的建造一面借助主房墙体，另三面用木板钉制围成。工艺也颇为讲究，木板都是经过裁口咬合在一起或两板中间留出均匀缝隙，再在均匀缝隙上加压一块木板（当地称"三块瓦"钉制方法）。门斗顶与同面主房屋脊成同一平面的斜坡状，在门斗山墙上留置较小的窗口透光。现在门斗演变为与主房同时建起，用较细原木刻制，有丁字形的，也有与主房宽度相同成一体的，而且较多俄罗斯族家庭都将板棚门斗改换成玻璃门斗，并里外涂有彩漆，美观、明亮。

3. 桑拿房

俄语称桑拿房为巴尼雅（Баня，见图4-9），恩和村俄罗斯族家庭大都有自己的浴室，是传统的俄式蒸汽浴澡堂。澡堂一般建在庭院的一角处。主要建筑材料就是原木和石块。一般建筑面积为10~15平方米，室内净高1.8~2米。室内可分为三部分，一进门是更衣室，然后是锅炉房和浴室。浴室的面积是其他两部分的二倍，面积相对较大。过去浴室只有坐浴，现在又出现了淋浴，主要是为方便游客洗浴建的。锅炉房里的灶，用石头和鹅卵石砌成，上面有一口大铁锅（现在多用铁桶代替了铁锅），待水烧热，一部分水用来浇锅灶周围的鹅卵石，产生水蒸气，提高室内温度；另一部分水用来洗浴。俄罗斯族搓澡的方式特殊，即

图4-9 桑拿房

用嫩桦树条洗浴,当身体渗透汗水的时候,用桦树条或将其扎成小束,抽打全身,既能除污去垢、解乏,又能起到按摩之效。俄罗斯族小孩一到满月就洗桑拿浴,而不是洗淋浴。当地其他民族也都习惯洗桑拿浴。

四 传统交通工具

从 20 世纪 30 年代建村至今,恩和村的交通工具从骑马、俄罗斯式四轮马车、三套车到汽车、客车,整个交通发展过程是渐进的。从走亲访友到运粮运煤,从只为方便之用到以营利为目的的经营,其目的是不断变化的,从土路、砂石路到今天的柏油路,其交通条件是在不断改善的,而交通运输的变化与进步,又直接影响着恩和村的经济发展。

恩和村最早为俄罗斯人的放牧点,日本占领东北后,建立哨卡禁止中俄边民之间自由往来,恩和得以始建。俄罗斯人带来了自己的马匹和传统的运输工具爬犁和四轮马车。据村里面的老兽医讲,当时出去行医,每个人配一匹马拉爬犁,而马本身体力有限,近途尚可,过多的载重或远途跋涉就有些不便了,所以当地俄罗斯族用白桦木制作了原汁原味的俄罗斯运输工具四轮马车。四轮马车四个轮子前小后大,前轮直径 60 厘米,上辅以 10 根木制辐条,后轮直径 90 厘米 12 根辐条,轮上方承载着宽 1.5 米、长 2.0 米左右的车厢,四周箱板高 30 厘米,前面的辕与车厢之间有可以旋转的轴便于转弯。车轴与轮摩擦处由铁皮做成,其余部件皆为木制,据老乡讲,当时铁很贵,从节省成本上讲,人们尽量选择以木头为代替品。四轮车制作工艺十分精湛讲究,车的四轮处安装有轴承或在铁轴处涂上"桦皮油"（自制的一种用桦树皮熬制的润滑油，俄称"胶可漆"），马拉起来十分轻巧。俄式四轮车以载客为主，车厢上有篷，由单马或双马牵引。车轴四角上安有弹簧钢板，即使路况不好，跑起来也不颠簸，四轮车多以马驾辕，载重在 1000 公斤左右。有时结婚娶新娘为图吉利会用两匹马驾辕。在马体力充沛时，车速达 20 公里/小时左右。20 世纪 50 年代四轮车在村中几乎一家一辆，人们的生活离不开四轮车，走亲访友，秋季时拉草，交公粮，应用到生活的各个方面，除了自用外还有少许以雇用的形式来盈利，秋季南方客商来村里收粮，多雇用当地的马车将收到的粮运往莫尔道嘎，装上火车拉走，人们在此时还可以赚点小钱。从运往地看主要有：朝阳、向阳最远至三沙。从恩和至三沙 50 公里左右，可见四轮马车的行程范围在 170 公里，再长的路，马、车、人都要休息，如果不是紧急的事，人们是不会选择赶马车走远路的。

20 世纪 60 年代村里面开始出现另一种交通工具"三套车"。这种车前面有三匹马拉，中间的马驾辕，因此得名"三套车"。相对于四轮车其优势在于，这种车是胶皮轮，适合走砂石路，车速与四轮车相近，马拉起来省力，较适合远途运输。开始只有恩和牧场里有"三套车"，用来运粮。三套车在村中的数目并不多，人们似乎更偏爱自己的四轮马车。

讲到 1960 年前后的交通运输，村民蒋越满特意讲了当时流行的歌曲《青松岭之歌》，他说那是对当时交通运输的真实写照。

"长鞭哎那个一呀甩呀……

叭叭地响哎……
赶起那个大车出了庄哎咳哟……
劈开那个重重雾哇……
闯过那个道道梁哎……"

20世纪70年代至80年代初人们出行的日常交通工具主要是自行车。改革开放后人们的生活水平日益提高，村民购买摩托车的较多，现在较富裕的人家也开上了轿车。

为便于了解恩和的交通路线，特做草图标出具体位置（见图4-10）。图中所标地名，均属与恩和来往较为频繁的村镇，图中央的粗线则为恩和主要的交通路线。

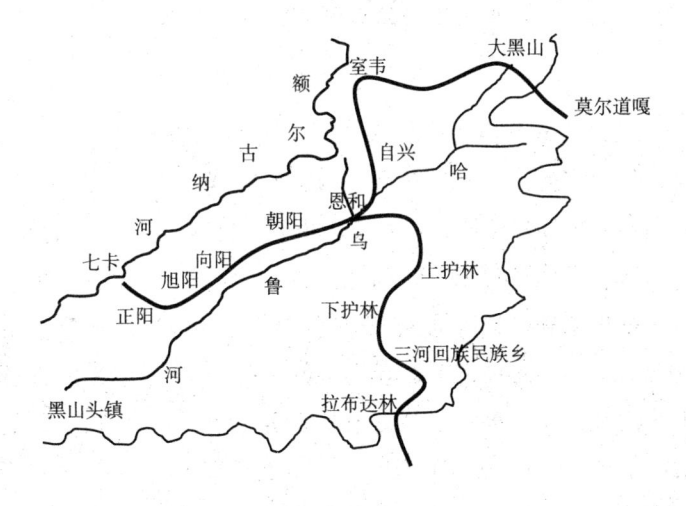

图4-10 恩和交通图

各地通车后，出行极为便利，方便了恩和群众的出行（见表4-7）。

表 4－7 恩和到各地的里程及花费

终点站	里程（公里）	所需时间（分钟）	票价（元）
室　韦	70	60	20
自　兴	20	30	8
向　阳	15	30	7
正　阳	35	65	10
莫尔道嘎	150	120	35
朝　阳	10	15	5
七　卡	50	75	15
三　河	70	60	17
上　护林	30	45	10
下　护林	33	50	10
拉布达林	100	150	21

传统交通工具制作调查个案
——马爬犁的制作

恩和村冬季漫长且雪很大，加上早年道路不好，车辆通行极为不便，那时马爬犁为运输的主要工具。据村民讲，自20世纪30年代起村里的运输主要靠爬犁，因此也出现了专门做爬犁的职业。我们采访的蒋家就是世代以做爬犁为业。据蒋越满讲，20世纪30年代起，爬犁就成为村民主要的交通工具，几乎家家都有。爬犁是用10～20厘米的去皮桦木放在锅里蒸熟后，固定在模子里使其成"⌒"形，上面钉上高35厘米的爬犁腿，每个上面要钉5～6个，之间用煮熟的桦木对折绑定，一个爬犁基本就做成了。做好的爬犁宽75～80厘米，长2.5～2.6米，用直径为8～10厘米的木头做成2.7～2.8米长的拉杆，绑在爬犁上，专门用来套马用，此种为大爬犁，还有小的人工拉的爬犁，宽45～50厘米，长为1.2~1.5米。20世纪30年代家家养马，用来拉爬犁，主要是用来拣桦子。当时牧场有自己的农建队，冬季时去山上拣桦子，以马爬犁作为运输工具，往各家送。据蒋越耀讲他当初就是农建队中的工人，一个人曾经赶着两个马爬犁去山上拣桦子送到各家，当时每家分桦子的多少根据炉子的个数而定，一个炉子可分10~20爬犁桦子（一爬犁拉1米高1米宽4米长见方的桦子，当地人称为一杆），每年用桦子的时间随雪的早晚和温度高低而定，大概在11月到第二年3月，若赶上下大雪，车辆不通，马爬犁还可以用来娶亲之用，娶亲时给马和爬犁披挂红丝带，在白雪皑皑的大地上飞驰，那场面好不美观！一般情况下都以单马驾辕，走远途时可多加一马，大爬犁的载重量为1~1.5吨，小的在半吨左右，行速每小时10公里，当时到三河需要一天的时间。90年代末，用爬犁的越来越少，牧场里面有大车，另外自2003年后雪也没有以前大了，现在一冬天可以卖出30~40个爬犁，价格在200元左右。

图4-11 马爬犁

五　业余文化生活

20世纪50年代，随着生产的发展，人们生活水平有了很大提高，文化活动随之更加活跃。特别是当时的苏联侨民，频频举办文化活动。恩和村是俄罗斯民族的聚集地，他们的业余生活也是丰富多彩的。周末的群众舞会，电影是最受欢迎的娱乐活动。村里放映的第一部电影是苏联原文影片《静静的顿河》。

俄罗斯民族是一个能歌善舞的民族，即使在打草的空闲时间，也会拿出俄式巴扬（当地俗称扣子琴），男女老少围在一起，有唱有跳。寒冷的冬天，围坐在暖和的木刻楞里，喝酒、唱歌、跳舞，俄罗斯族最爱跳的舞是踢踏舞，最爱唱的是俄罗斯民歌。

新中国成立以后，恩和村在现在乡政府的斜对面建立了电影院，面积约100平方米。当时是基建队盖的，村民很喜欢。特别是爱看苏联电影和中国抗日的影片。20世纪80年代以后，电影放映较少，到2000年电影院被拆，地基被个人购买。

现在电视成为人们日常生活不可缺少的娱乐工具。最初只有14英寸的黑白电视，能收到的只有中央台和当地台。1997年，村里又安上有线电视，能收到30来个电视频道，每年收费96元。现在村里正准备安装数字电视，已经准备施工了，到时村民就能接收更多的频道，看到自己喜欢的节目了。乡政府也在不断地改进，丰富村民的生活，特别是各个节日的时候，乡政府会组织演出，都是村民自己喜欢的节目。此外，恩和村还有其他一系列休闲活动。

1. 麻将馆

恩和村现有2个麻将馆，最早是恩和牧场场部扶持的，面积有20平方米,3张桌。后来有从拉布达林来的汉人,租了30平方米木刻楞,租金3500元/年,有6张桌子,茶水免费,一圈1人1元,一般玩到晚上12点左右,一晚上利润就100元。

2. 网吧

村西有一个占地面积30平方米左右的网吧,里面有8台电脑,年租金1500~1700元,每小时3元,主要是学生,也有些青年人在这里上网、打游戏。

3. 卡拉OK厅

2008年1月村民朱葛志开办卡拉OK厅,还带有烧烤等小吃,主要烧烤牛、羊、鸡、火腿等,没有蔬菜。单设有包房,1小时30元,也可以自带吃喝,年轻人比较多。其中一个大包房,可以跳舞。2008年10月20日"168"饭店开业,也附带卡拉OK厅。一方面给茶余饭后的村民带来一定的乐趣,也为来这里观光旅游的各国客人提供娱乐场所。

4. 青年中心

2005年,村里建立了青年中心,这个机构由青年共青团负责并组织一些文化活动,费用是上交一部分团费后剩余的资金,约有600元/年。现该中心有成员126人,俄罗斯族青年15人。中心开展各种活动,如组织民间歌舞团,开展"热爱生命"有奖征文等,主要以精神鼓励为主,物质奖励为辅,学生参加的比较多。

5. 民俗演艺厅

2008年村里开始建民俗演艺厅。为保证民族演艺厅不失活力和民俗特点,满足少数民族地区经济快速发展的需求,额尔古纳市恩和村俄罗斯民俗演艺厅建筑样式采用具有俄罗斯风格的木质二层楼房，占地约5000平方米。主体建筑总面积约1500平方米，集演艺、休息、化妆、餐饮和会议等功能为一体；附属设施1400平方米，有小型停车场、锅炉房、植物园和室外活动场等。民俗演艺厅的建造位置是在哈乌尔河沿岸，为此，2008年8月，建成一座松木桥，长约50米，宽约3米，方便民俗演艺厅客人。民俗演艺厅于2008年开始施工，该项目预算为240万元。民俗演艺厅的功能和设施都将达到一流（见表4-8、4-9）。

表4-8 民族演艺厅功能设置一览表

单位：平方米，万元

序号		名称	建筑面积	位置	造价
主体建筑	1	演艺厅	300	室内一层	36
	2	化妆室	50	室内一层	6
	3	餐饮室	200	室内一层	20
	4	器材室	50	室内一层	5
	5	采播室	30	室内一层	3
	6	办公室	20	室内一层	2
	7	综合活动室	250	室内二层	25
	8	休息室	300	室内二层	30
	9	会议室	150	室内二层	15
	10	观景台	50	室内二层	5
附属设施	11	停车场	200	室外	8
	12	锅炉房	20	室外	10
	13	植物园	150	室外	5
	14	篮、排球场	1000	室外	8
	15	厕所	30	室外	5
总计			2800		183

表4-9 民族演艺厅设备购置一览表

序号	名　　称	价　　格
1	演艺厅音响、采编设备	20万元
2	民族服饰	20套×1000元/套=2万元
3	厨房餐饮设备	10万元
4	演艺厅桌椅	桌子200张×150元/张=3万元 椅子200把×100元/把=2万元
5	会议室和办公室设备	桌椅50套×600元/套=3万元 投影设备1.5万元 音响设备1.5万元
6	活动室桌椅、球案等设备	2万元
7	休息室床、沙发、茶几、通信及电视等设备	5万元
总计		50万元

六　参与社会团体情况

恩和村的不少俄罗斯族都是内蒙古俄罗斯民族研究会会员。内蒙古俄罗斯民族研究会于2007年4月10日正式成立，研究会挂靠额尔古纳市委宣传部，业务主管部门为内蒙古自治区社科联，现有会员266人，其中会长1人、名誉会长1人、副会长9人、名誉副会长7人、理事80人、常务理事17人、顾问1人。研究会第一、二届会员代表大会理事中有许多来自恩和村，他们均为俄罗斯族，如尹瑞明、王秀芬、兰忠民、曲德欣等，他们为俄罗斯民族文化的挖掘、保护、宣传、发扬等做了大量工作。俄罗斯民族研究会中恩和村有委员42人，均为俄罗斯族。

第五章　民族礼俗

第一节　出生礼俗

过去恩和村的俄罗斯族产妇均按俄罗斯族农村传统习惯在家生孩子，一般请卫生院医生或接生婆到家里接生。产妇在产后3天或9天，要与接生婆相互洗手，洗涤污秽。洗手这天新生儿的父母要给接生者准备一条新毛巾和香皂，也送钱或其他礼物以示谢意。洗手前，产妇不能"轻举妄动"，不可摸神像，不可以挤牛奶。在产后的40天内，产妇不可进教堂。如果生了女孩儿，这个期限还要长。产妇不坐"月子"，不忌冷水，产后7天便与正常人一样，操持家务。

现在村里不论哪个民族的产妇生孩子都去医院，条件稍微好一点的家庭生孩子到额尔古纳市，因村里医院条件、设备等不及市里健全。在市里住院期满就回家坐月子。一般是老人伺候月子。母乳喂养，没奶的情况下喂牛奶，喂奶粉的很少。受汉文化的影响俄罗斯族也过满月、百岁、周岁等。

第二节　命名和洗礼

恩和村第一代华俄后裔多数都是汉族男人与俄罗斯女

第五章 民族礼俗

人结合所生,因此他们都随父亲的姓。现在俄罗斯族起名字也是按汉族的习惯,一般由长辈起名,有家谱的根据家谱起,没有的则根据喜好或请有文化的人起。华俄后裔除了汉语名字外,绝大多数都有俄语名字,诸如村里男孩的名字有 Иван(伊万)、Виктор(维克托尔)、Сергей(谢尔盖)、Василий(瓦西里)、Дима(吉马)、Коля(科里亚)、Саша(萨沙)、Петя(别佳)等,女孩名有 Надя(娜佳)、Маруся(玛露霞)、Ира(伊拉)、Анна(安娜)、Наташа(娜塔莎)、Катя(卡佳)、Елена(叶莲娜)、Люся(柳霞)、Тамара(塔玛拉)等,这些都是俄罗斯人常用的名字。在村里老年人相互间还是用俄语名字称呼,年轻人则基本用汉名称呼。在"文革"之前,华俄后裔的孩子出生后一般都由教堂的神父来起俄语名字。据村里老人回忆说,在离恩和村 30 多公里的上护林曾有一座小教堂,是用松木盖的,教堂的牧师是俄罗斯人,1960 年中苏关系恶化时他被遣返回国,那座教堂在"文革"中也被火烧掉了。

洗礼通常在教堂或受洗室举行。恩和村没有教堂,洗礼一般在临时定的受洗室(某一个教民家)举行。室内备有圣水盆,内盛温水。按东正教传统婴儿出生后 8 天进行洗礼,但由于村里没有教堂也没有神父,孩子的洗礼就不定期了,遇到有神父过来就去洗礼。洗礼的程序是:神父口诵经文,开始祈祷,然后接过婴儿,往其额头上点圣水,或将其浸入水中,称浸礼。然后给婴儿戴上项链、十字架,祝福婴儿平安、健康。洗礼后神父通常给受洗礼者起俄语名字。2006 年,恩和村的老人们从澳大利亚请了位俄国裔神父给一些孩子洗礼,当时参加洗礼的共有 16 人(成人和孩子都有）。据村民讲，洗礼那天，人们排好队，赤脚，神父口中念念有词（说俄语），挨个给他们点圣水，分别点在额头、手和脚上。小孩则是赤身洗澡，也是由神父主持，之后给每一个洗礼的人都起了一个俄语名字。

第三节　婚嫁习俗

额尔古纳华俄后裔是具有两种血统特点和民族风俗的特殊族群。以婚嫁习俗来说，除了具有汉族婚嫁习俗外，还保留有一些有趣的俄罗斯婚嫁习俗。

额尔古纳的华俄后裔男女青年一向是通过自由恋爱而成婚的。男女双方恋爱关系确定到婚嫁期间，有汉族人的"要彩礼"、吃"离娘肉"、要"改口钱"等汉族习俗，但最引人注目的还是沿用着俄罗斯民族的婚嫁习俗。以下是果佩珍老人回忆的当地俄罗斯族传统婚俗情况，有些是她的亲身经历，有些是听上一辈老年人讲的。我们查阅相关俄文资料，发现这些婚俗是俄罗斯东部地区（西伯利亚地区）传统的习俗，而果佩珍老人及其丈夫的俄罗斯亲属就在俄罗斯的克拉斯诺亚尔斯克地区。

一　说媒

早年俄罗斯族说媒要择良辰吉日，民间认为最好的说媒日是周二、周四、周六，传统迷信认为周三、周五不宜谈婚论嫁。媒人一般由中老年妇女担任，她们交往广泛，精明能干。但也有由男方的姑姑或祖母及已婚年长妇女充当媒人的，这在农村比较盛行。在少数农村地区，甚至还有男方父亲亲自充当媒人的情况。说媒必须在取得家长的同意后才能进行。如女方父母同意婚事,则要铺上台布,放好面包、盐、茶,招待媒人,商定相亲。说媒后的两三天开始相亲。相亲首先要看庭院,通过看庭院,女方父母了解男方的家境。看庭院后,男方要摆宴席,盛情款待对方。如女方父母同意,几天之后男方父母相未过门的媳妇。

华俄后裔青年男女的婚姻在过去更多地延续了俄罗斯的传统婚嫁习俗。现在不论是俄罗斯族还是汉族青年男女的婚事,主要是自己做主,大多都是自由恋爱决定婚事。但大部分家庭仍然走"提亲"形式,即男女双方本身恋爱成熟,双方家人也同意了,但不得不按形式请一媒人带礼品上门提亲,请的媒人大部分是中年妇女,能言会道,当地称嘴马厉害的人。也有男方父母亲自上门提亲的。

二 相亲

俄罗斯族民间还有"相亲"(смотрины)习俗。

相亲包括两部分,即男女双方见面和媒人与女方父母谈条件。相亲时,小伙子的父母一同前往。未来的新娘会客前都要精心打扮一番,由女友或亲属陪同。有时则由一位其貌不扬的老太太相伴,以衬托姑娘的美丽。相亲之初,先做简短的祷告,然后开始喝茶。饮茶时,男女相识。茶后,女方父亲和媒人商谈嫁妆和给新娘的钱数。相亲时,姑娘是主角,但她要沉默、矜持。按传统,小伙子要与父亲在门厅、屋外交换对姑娘的意见。此后,姑娘若同意就递给小伙子一杯蜜糖水,如小伙子一饮而尽,表示喜欢姑娘,否则,他只是淡淡地呷一下蜜水,归还杯子。如果双方都同意，则商量订婚的日期，同时摆宴席，请宾客，把男方带去的面包切开，并以好酒好饭菜招待男方家人。

三　定亲

现在村里不管是俄罗斯族还是其他民族，定亲的方式均汉化了。定亲的日子由双方父母择定，男女双方的近亲一般都要参加定亲仪式。富裕人家还邀请有名望、有影响、受尊敬的人士参加。定亲时男方要准备聘礼，现在的聘礼流行送金银首饰，一般是"三金"，即金耳环、金项链和金戒指，此外还有"四色彩礼"，一般是烟酒糖茶四样，同时还带去礼金，数额多少一般取决于男方家里的经济条件，但大都取他们认为的吉利数，比如六千六，八千八、一万一等，现在礼金的数目越来越大。过完礼之后，准新娘就会用这笔钱给自己置办嫁妆。现在的恩和村，娶一个媳妇少则花五六万，多则10多万。这还不包括盖新房的钱。

四　婚期

我国在各个民族的婚姻习俗中，婚期能反映出该民族一定时期生产力的发展水平和生产方式的变化情况，同时也是一定社会人们生活行为、宗教信仰的反映。秋冬季节是人们经过一年的劳作后进行休整的季节，物质产品也比较丰富，于是人们开始倾向于秋冬成婚。而随着人类生产方式的多样化，生产劳动受季节局限性减弱，同时剩余产品开始增加，于是婚期也就不再受限，逐渐发展为四季成婚。但恩和村至今还是保存着农历腊月娶媳妇的传统，主要因为这时村民卖了余粮和一些农畜产品，是一年中最休闲、最有钱的时候。还有一些人家也还有娶媳妇过大年的传统思想，图个喜庆吉利。

据村里老年俄罗斯族讲，他们结婚一般在冬秋季节，即1~2月和10~12月，在夏季举行婚礼的很少。结婚季节的形成一方面受经济、劳动生产特点的影响，另一方面受宗教教规的影响。由于俄罗斯族大多数人信奉东正教，故斋戒期间一般不举行婚礼。传说，其间结婚会出现妖魔鬼怪肆虐破坏，所以民间有句谚语说："谢肉节结婚，灾祸定临门。"因此，从8月15日圣母升天节开始到大斋节前，延续约13个星期的秋冬食肉季节，被民间称为"结婚喜日"。在农村，这个时期则开始得晚一些，要在所有农活结束之后。

五　婚礼

恩和村是多民族的地方，以下说的婚礼主要是俄罗斯族的，不过各民族相间杂居的日子久了，且这里的俄罗斯族本身就是华俄后裔，因此其风土人情也更不可避免地你中有我，我中有你，各民族互衬出彼此的影子。

过去几十年间，俄罗斯族和华俄后裔婚俗中一直有"正娶"和"偷娶"两种形式。

"正娶"，就是明娶，双方家长在选定的日子里按习俗正式迎娶。

结婚前新郎家要把房屋粉刷一新，收拾得干干净净，备齐各种美味佳肴，现在跟汉族娶亲时一样，在大门口、墙壁或门、窗上贴上大红喜字，准备迎娶。

过去迎亲人员是赶着马车或马爬犁前往新娘家迎娶（现在都是用轿车娶了）。一路上迎亲的人欢歌笑语，情绪高昂。迎亲队伍出村、进村时不时会遇到村人设置的"路障",他们向设障人散发些烟、糖果等物后继续前行。一般迎亲人员在10点左右到达女方家。到了新娘家,先过三道"喝酒"坎,娘家人要向每一位来迎亲的人敬酒,一般都是烈性白酒(迎亲队伍一般都由酒量好的人组成),然后方才开门迎客。新郎首先要拜见岳父岳母,送上烟酒糖茶四色礼和一块离娘肉(此处融合了汉民族的习俗),然后开始"闯关"接新娘。

"买座"(也叫"买桌")关。新郎进新娘门之前,新娘的弟妹等亲戚(一般是儿童)围坐在给迎亲人员准备的摆满佳肴的饭桌旁。新郎和迎亲者进门后,桌边没有他们的座位。新娘的妹妹(如没有亲妹妹,也可以由弟弟或亲属家中的妹妹、侄儿、侄女代替)用筷子或小擀面杖在饭桌上敲打着,意思是祝贺新郎、新娘喜结良缘,并请新郎付点钱买这桌佳肴。新郎便往桌子上的盘子中扔钱,作为买座钱,钱的数量没有统一规定,因男方家的经济状况各异,一般都是三五百,也有多的。比如过去,新郎都是往事先准备好的钱盘中先放一两元钱,娘家人会加倍压钱,小姑娘(小男孩)这时就不停地敲打饭桌表示对所放的钱数不满,新郎再放,直到他们停止敲打饭桌时,新郎就不用放钱了,一般放100元左右就可以了,现在经济条件好了,买桌钱也上涨了。当然"买座"只是为烘托气氛,不为赚钱。然后,娘家人起身离座,请前来迎亲的人落座吃菜、喝酒(象征性地吃点、喝点),吃喝完毕,开始接新娘。

婚礼这天,新娘早早地就在家梳洗打扮好,由同龄女友陪伴,在家里等待新郎来接,新娘家的大门和屋里几道房门都安排几个青壮年"把守"。

到最后一道"把守"的屋门时,新郎需要亲自对新娘说"好听"的话,经陪伴新娘的女友们同意后,接亲的人才可以"闯"过最后一道"关口"接走新娘。新娘方组织几个人手拉手在接亲车返回的途中"拦截"接亲车,新郎给礼物或钱后方可放行。围观的人很多,也很热闹。

"互压被子",娘家的陪嫁物中,被子是必需的,其他陪嫁据娘家经济状况而定。娘家送亲的人把被子抱到新房,此时新房已有男方家准备的被子,这时就有谁的被子放在上面谁将来在家里做主的说法,于是双方争着把自己的被子压到对方的被子上面,反复放上、拿下,场面很热闹,最终都是男方让步。

"抢床",迎亲队伍接新娘回到新房,这时有新郎新娘"抢床"的习俗,两位新人进新房后抢着坐床,谁先坐床谁将来在家做主,一般新郎都让着新娘。

临近中午12点,新人和其他亲朋好友都去饭店,在司仪的主持下一对新人按汉族风俗拜天地,然后向客人敬酒。过去在婚礼上,新郎和新娘要向大家祝酒时,大家也要向新郎和新娘祝酒,每当祝酒时,客人都要高声齐喊:"Горько"(俄语:苦的意思),意为希望新郎和新娘有个甜蜜的接吻,这时,新郎和新娘要在客人面前拥抱接吻。一般这种接吻要进行多次,客人们不断欢呼,新郎新娘不断接吻,使婚礼达到高潮。在结婚庆典上,除了喝酒,还要唱歌、跳舞。俄罗斯族是能歌善舞的民族,遇到喜事更是放喉高歌,手舞足蹈,歌舞融为一体的婚礼舞会,使婚礼显得热烈而隆重。

现在村里婚宴的席面与东北的汉族基本一样,丰富多彩,有各种糕点、糖果、菜肴、水果、果酒请客人品尝。在众多的佳肴中,特别引人注目的是各种形状、五颜六色的蛋糕。每一种蛋糕都有不同的含义,表达了人们对新婚夫妇的美好祝福,希望新郎新娘过上甜蜜和幸福的生活。

"撕裙子",俄罗斯族家中如果是最小的儿子结婚,其母亲就得提前给自己准备一条裙子,给父亲准备裤子,没有父母的则哥、嫂准备,裙子和裤子是特别缝制的,属于粗针大线式,色彩鲜艳(多为红色),裙子或裤子底边都剪开一些口子,为客人撕时方便。在结婚典礼酒宴上,来宾酒足饭饱准备跳舞时,新郎的父母悄悄离开婚礼现场,把提前准备好的裙子、裤子套在正式衣服的外面,然后上场。来宾一看到他们,便一哄而上,去撕裙子和裤子,因裙、裤上提前剪有一条条口子,所以很快就被撕成一条条彩带,客人把撕下的彩带挂在自己身上,没有亲手撕到的人就从别人那里分点儿挂在身上,意思是沾染、分享到了喜气。如果父母不在,要撕新郎大哥大嫂的裤子和裙子。之后他们带着喜物继续跳舞唱歌。"撕裙子"把宴会的气氛推向高潮。

男方娶亲的前一天,女方家往往也要大摆宴席招待亲朋好友,俗称"送闺女",前来赴宴的人一般要带些礼品,过去是枕套、被罩、布料之类的东西,现在则同汉族一样直接给礼金,一般给100元、200元,亲戚好友则多给些。

"回门",娶亲的第三天新郎新娘"回门",回女方的娘家,回门时娘家不大办酒宴,只是自己家人小聚。

第五章 民族礼俗

"偷娶"是俄罗斯民族中流行的一种古老的婚俗，也就是"抢亲"。"抢亲"一般有两种情况：

一种情况是男女双方自由恋爱私订终身，自己定下婚期，不通知女方家长，原因大多是女方家长不太同意婚事，私奔者往往夜间在邻居或朋友家举行简单的仪式，等"大功告成"之后方去父母家通知并请求宽恕；另一种是男方没有经济实力正娶，达不到女方家的要求，于是新郎跟心爱的人约好"偷娶"。

娶亲那天，新郎带少量迎亲人马到新娘家将新娘约出，然后将其抱上马车或雪橇飞奔而去。女方家人发现后，马上组织亲友虚张声势地追赶一程作罢，婚后男方再到女方家赔个不是，双方家长在一起吃顿饭就可以了。这种习俗恩和村现在已经没有了，但我们走访的人家中有几户年龄50岁左右的人结婚是"偷娶"方式进行的，说明在二三十年前"偷娶"仍存在。

六 婚后俗规

过去婚后第三天，婆家人还要考新娘。这一天，新娘要将十八般手艺展示给婆家人，如扫地、生火炉、烙饼、擀面条。其间，在场的人不断给新娘出难题，如往地板上倒垃圾或往烟囱里放干草、泼冷水等，看看新娘如何对付这些难题，以考验她是否是一个吃苦耐劳、能干贤淑的妻子。现在这些习俗越来越淡化了。

第四节 丧葬习俗

恩和村的俄罗斯族都信仰东正教，丧葬习俗有浓厚的宗教色彩，基本上沿袭了俄国民间的传统丧葬风俗。

一　逝者升天

死者在垂危之际或临终前亲属及好友都守在身边，当垂危的病人已无法抢救，在弥留之际，身边的亲属或朋友将事先准备好的松香放在勺子一类的器皿中，在炭火上加温至冒烟，然后拿着在病人头部周围绕一圈，意为让死者快速升入天堂。

二　逝者穿着

恩和村俄罗斯族家庭的人死后，先由亲近的人给死者擦洗身子，然后再穿衣服，只穿单衣不穿棉衣。具体穿什么样的衣服没有规定，但衣服一般都是新的，也有根据死者生前的愿望穿以前穿过一两次的衣服，但基本是新的。衣服可以是西装、裙子等，没有专门样式的寿衣，男性一般穿西服，不戴帽子，女性穿裙子、戴头巾，头巾的花色没有限制，多为死者生前喜欢的花色。死者一般穿布鞋和白袜子，也有穿皮鞋的，这主要看死者生前的喜好。穿完衣服后遗体放在床上或木板上，等待入殓。恩和村的俄罗斯族死后并不像有些书上说的身上要裹白布或黑布，他们身上不裹布，只在棺材里面铺一层白布单（现在也有在棺材里垫毛毯的，花色方面没有讲究），身上再盖一层白布（俄罗斯族没有盖黑布的习俗，有些书上调查的"黑布"说，在恩和村不存在）。据村里的果佩珍老人讲，前不久她去俄罗斯参加大姑姐的葬礼，发现他们那里死者身上盖白布，且白布上有耶稣受难图案，白布比较窄，白布上面还有一层白纱，纱上有十字架图案。

三　棺木

俄罗斯族的棺木不能提前制作，只能在人故去后制作，而且是请人在家中按死者的体型大小制作。一般棺材用 7.5 厘米厚的松木板做成，棺木两头无大小、高矮、宽窄之分。棺木总高 70～75 厘米左右，其中棺身内径高 50 厘米左右，棺盖高 20 厘米左右，均呈倒梯形。棺身和棺盖合起来则呈六角形。棺木的长和宽各比遗体大出约 20 厘米，一般多漆成深棕色，也有黑色的。过去有钱人家在棺材外面还要包一层黑布，比如用高级的黑天鹅绒包的。

四　遗体安放

棺材里边四周用白色的布围好，由于棺材高度较低，把遗体放进去后，半个身子露在外面。遗体在棺材中平躺，面朝上，头朝向屋中挂圣像的方向，脚朝开门方向。死者摆放的姿势为右手压住左手，做祷告姿势，死者左手拿着十字架（也有将十字架放在身上的）和专门设计的蜡烛，用手绢包好，扣在胸前。然后剪下提前准备的"升天证"（当地人的说法）边上的图片，贴在死者的额头，剩下的部分放在死者的左手里。"升天证"大都是从俄罗斯或澳大利亚弄来的，原来是黑白的，现在有彩色的，上面用古斯拉夫俄文写着祈祷用语，边上绘有耶稣及基督圣徒的画像（剪下贴在死者额头）。有老年人的家庭都要提前准备好这些东西。俄罗斯族不为死者搭灵棚，而是将遗体摆放在家中居室内供人瞻仰。白天死者的脸露在外面，白布单只盖至胸部，入夜把脸盖住，尸体存放 3 天。这期间亲属要为亡者守灵，蜡烛日夜长明。棺材前还要供一盆鲜花和一支特制的蜂蜡。现在受汉民族的影响也有在室内摆放死者遗像和食物的。

5-1 十字架、松香和"升天证"

五 吊唁

遗体安放好以后,将棺木摆放在两条木凳上,前来吊唁的亲朋好友要围在棺椁周围和死者告别,可以拍照留念。

按俄罗斯族的习俗,只给长辈戴孝,一般为亡者戴孝40天,重孝则戴1年。女人戴孝为黑头巾,穿素色衣服,男人胳膊上戴黑布,穿素色衣服。

六 出殡下葬

出殡时,亲属要和遗体告别,并且和死人亲吻(现在不这样了)。过去由四人用黑布抬着棺材去坟地(由死者儿子、侄子等人抬),棺身和棺盖是分着抬的。棺材盖由大儿子、二儿子用头顶着,墓碑由两个人抬着,现在一般都用车拉。抬棺行走时脚部在前,头部在后。到坟地后才把棺材盖钉上,埋葬时,死者面向太阳升起的方向,也就是头在西,脚在东。棺材放入墓穴后,在墓穴的上方铺上木板,然后填土，使土和棺材不直接接触，怕压棺木。填土时，参加葬礼的人绕着墓穴走一圈，走到右边时向棺材扔三把土，然后跪拜。恩和村俄罗斯族还有个说法，就是安葬死者时其面孔不能朝向村子，免得他的魂儿起来走回村子。

七 立碑

填土到一半时立碑或十字架，碑或十字架立在亡人脚下。东正教特有的十字架，是俄罗斯族坟墓区别于汉族坟墓的标志之一。所有的十字架都是两横一竖一斜木制的，粗大、厚重，顶部有木檐挡，十字架面对死者的一面为正面，在正面竖杠最顶端悬挂或镶嵌有一幅小型的耶稣像。在正面竖杠上低于圣像的位置（第一个横杠下）镶嵌死者的头像照片，十字架第二个横杠上写有死者的俄文姓名，在竖杠上写死者的中文姓名及其中国籍贯和出生、死亡日期，也有十字架上按中国汉人的习俗写一个"奠"字。这是典型的中俄文化融合的做法。十字架上或周围都用塑料花装饰，坟墓用木栅栏围成一个方形，栅栏有一米高左右，有将一个坟围一个围栏的，也有将一个家族的几个坟围一个大围栏的，主要是防止牛羊等的破坏。围栏漆成蓝色、黑色或绿色，也有木头本色的。现在有些经济条件好的人家把过去的木围栏换成了铁制围栏。坟是平顶，现在也有坟头，但不大。

八 丧葬酒席

安葬完死者，家里人要安排几桌饭菜，请亲朋好友吃饭追悼亡人。过去在家里宴请宾客，现在一般都在饭馆，参加宴席的都要随礼。

图 5-2　村民墓地

俄罗斯族的丧葬酒席与汉族的差不多，只不过多几样民族习俗的菜。现在条件好了，一般在饭店吃饭，要求饭店必须准备四道菜：鸡蛋薄饼；带馅的包子有两种，胡萝卜馅的和心肝肺夹大米的；不放油的大头菜裹希米丹；果酱砌上粉面子。

九　上坟

死者去世第 9 天和第 40 天时，家里人要烙些鸡蛋饼送给亲朋好友。死者去世 1、3、6、9 周年这一天，家里人都安排几桌饭菜，请亲朋好友吃饭，表示对死者的怀念。死者的儿子在死者去世 40 天内不剃头发，不刮胡须。

俄罗斯族上坟的时间有自己的规矩，遇到汉人上坟的日子，也上坟；遇到俄罗斯的节日也要上。另外人故去 3 天、9 天、40 天、1 周年、2 周年、3 周年都要上坟。

恩和村的墓地坐落在村头公路边的一个山坡上，坟墓四周的木板栅栏上挂满彩色的塑料花束给人以肃穆安静、神秘的感觉。每一座坟墓前都立有十字架或墓碑。站在墓地的山坡上，不远处华俄后裔的村庄一览无余。

每年巴斯克节前后，村里的华俄后裔们要来这里聚会，唱歌、跳舞、野餐、互相敲击复活节彩蛋与另一个世界的亲人分享快乐。这时，生与死的界限、快乐与悲伤的鸿沟变得模糊起来。

第五节　民族节日

恩和村是个多民族聚集的村子，这里有汉民族的传统节日春节、端午、中秋等，节庆的方式与东北地区的汉族相同，汉民族的节日绝大部分是从父系因袭下来的。村里更为热闹的是俄罗斯族的节日，是从母系那里因袭下来的，分为宗教性和时令性两大类节日。宗教性节日都与他们所信奉的东正教有关，主要有圣诞节、洗礼节、巴斯克节、三圣节等，有浓郁的民族宗教色彩。时令性的节日主要有赛马节（2月25日）、格尼拉依节（5月20日）、彼得罗夫节等，但与俄罗斯国家的民间节庆方式有所不同，其中融合了部分汉文化色彩。

1. 圣诞节（День рождества）

在每年的俄历12月25日，公历为1月7日，是基督教徒纪念耶稣基督"诞生"的节日。要过上一两天，整个家庭充满喜庆的气氛。圣诞节又称"主降生日"，按惯例，这天要念经祈祷，教堂要挂松枝，家家户户亦折些松枝，讲究的人家还要把圣诞树布置得五彩缤纷，挂满了五颜六色的装饰品和玩具、糖果、糕点等儿童礼品，并烤制大型生日蛋糕。俄罗斯族在圣诞期间常常聚在一起唱歌、跳舞，欢度节日。

2. 洗礼节（Крещение）

1月19日是东正教的洗礼节。是纪念耶稣受洗的日子。洗礼节这天，信教的俄罗斯族会去接圣水（Святая вода）。圣水就是1月19日这天清晨到河里破冰取来的凉水。圣水取来后，把家中供奉的圣像（Икона）在水中浸3下，然后做祷告，之后，让家庭成员每人喝几口圣水，据说圣水有驱邪治病的作用，能保佑家人平安，无灾病。现在村里过洗礼节的人不多，有些老年人还记得这些宗教习俗。

3. 谢肉节（Масленица）

谢肉节是俄罗斯族的传统节日，谢肉节在复活节前的第8周，大斋前的一星期。这是个欢快的送冬迎春的节日，也叫送冬节（Проводы зимы）。因大斋期教会禁止肉食，故人们在此期间举行各种庆祝活动，宴饮、唱歌、跳舞。谢肉节整整过一周，从周一到周日每天的节日名称和内容都不同。星期一为迎谢肉节日（встреча Масленицы），星期二为狂欢日（День заигрыши），星期三为女婿上门日（тещи приглашали зятьев на блины），星期四为隆重的赛雪橇日（санные катания），星期五为岳母晚会日（тещины вечерки），星期六为小姑子聚会日（золовкиные посиделки），星期日为送别日（прощеный день）。过去在俄罗斯民间的送别日这天，人们要扎象征冬天的草人，给它穿上色彩鲜艳的服饰，拿着它在村里走一圈，有时插在车辖辘上，出村后或是把它扔到冰窟窿里，或是烧掉，或是干脆撕碎扔到田里，意思是告别冬日。第一代华俄后裔还部分保留这种过节习俗,但现在的俄罗斯族已不再沿袭这个风俗了,但仍然要过谢肉节。节日期间的主要食品是薄饼(блины),圆圆的、红黄色的薄饼象征着太阳,象征着温暖。谢肉节是个喜庆的节日。据说,一个人要是谢肉节里不快乐,则今后的一年都会不顺。所以一周内人们都要高高兴兴地过,为日后能诸事顺利而抛开一切烦恼,尽情欢乐。

4. 柳条节(Вербное воскресение)

柳条节在复活节前一周的星期日,是纪念耶稣带领十二门徒进入耶路撒冷城堡的日子。传说当时耶路撒冷的人们把衣服和棕榈树枝铺在路上,迎接耶稣进城,所以该节日也叫棕榈枝节(Пальмовое воскресение)、主进耶城节(Вход Господень в Иерусалим)。俄罗斯地处寒冷地区,少有棕榈枝,所以用柳树枝代替了棕榈枝进行节庆活动,因此得名柳条节。

恩和村的俄罗斯族保留了这一传统节日。节日早晨起床后人们就到郊外的树林里采折刚发芽的柳树枝,因没有教堂,他们就把柳树枝带回家在圣像面前作祈祷。然后人们用柳枝轻轻互相抽打,边打边念祝福的词语。村里的俄罗斯族老人玛露霞给我们讲,小时候母亲会用柳枝轻轻抽打睡梦中的孩子们,边抽边说:Верба хлыст,бей до слез. Не я бью,верба бьет. Будь здоров как верба(柳枝抽,抽到眼泪流,不是我打你,是柳枝在抽,愿你的身体像柳枝一样棒)。据说这天的柳枝有祛邪治病的作用,所以俄罗斯族不仅用柳枝轻轻抽打人,也抽打家里养的牛、马等牲畜,保佑它们不生病。

5. 巴斯克节(Пасха)

俄罗斯族一年中最隆重、最热闹的节日要数"Пасха"

（复活节），汉语音译为"巴斯克"节，这是宗教节日，是东正教为纪念耶稣被钉死在十字架后的第三天复活的节日，一般在公历4月26日或5月初，是春分后第一次月圆之后的第一个星期日。巴斯克节虽然是一个宗教节日，但恩和村人们并不大关心它的宗教内容，而是更看重它的娱乐性。额尔古纳地区华俄后裔欢庆节日的隆重程度不亚于汉族的春节。巴斯克节到来之前，人们便开始忙碌，家家院落干净整齐，木刻楞房屋内墙壁粉刷一新，窗明几净，各种盆花、绢花、塑料花令人赏心悦目。

节日的前夕还要在圣像前点燃小蜡烛，供上彩蛋。在圣龛托板上铺一条白色的三角形饰帘，帘上一般都绣着东正教十字架和花形图案，圣像周围用绢花装饰。家庭主妇们提前烤制出各种不同风味、不同造型的糕点，其中必有一种圆柱状大蛋糕，俄语称作"Кулич"（古力契），上有用奶油绘出的 XB 两个俄文字母，是俄文 Христос Воскрес（耶稣复活了）两个单词的首字母。这种面包平时是不能做的，如果平日发现谁家做这种面包，就会招致老人们的责骂。煮鸡蛋涂染鸡蛋是节前必做的事，将鸡蛋染成红色、白色、粉色、绿色、黄色、蓝色等。人们各取彩蛋玩相击游戏，谁的彩蛋不被击破，预示着将有好运。彩蛋还要献祭在耶稣像前，由于乡里没有教堂，教徒们都在自己家里点上蜡烛，在圣像前祈祷。节日期间圣像前一定要供奉古力契蛋糕和彩蛋。更重要的是要采上一些吐絮的嫩柳枝用彩线或彩色布条扎在一起放在圣龛两边，插在院门及房门两旁，预示着新生。

巴斯克节的前一天，孩子们穿着漂亮的衣服走街串户到朋友家用柳条轻轻抽打伙伴的屁股，意思是祝福被抽打的人在新的一年里事事如意。节日当晚,家家灯光闪烁,彻夜通明,长者要向儿童赠送礼品,青壮年男女要到长者家里请安祝福。节日里,许多人家都在自家院子里搭起秋千架,一男一女或数对男女边荡秋千边唱民歌,气氛欢快活跃。

图 5-3 巴斯克节荡秋千

节日期间,男女老少都要精心打扮一番。去亲戚朋友家表示节日的祝福,类似汉族的拜年。中老年人见面时用俄罗斯族的礼节拥抱亲吻对方,并用俄语说"Христос Воскрес"(耶稣复活了),"Воистину Воскрес"(真的复活了)。孩子们则口袋里装着五颜六色的煮熟的彩蛋,与其他小朋友的彩蛋相碰击比试硬度。家中来客,也以彩蛋款待。

节日当晚,家家灯光闪烁,彻夜通明。长者要向儿童赠送礼品,青年男女要到长者家里请安祝福。

通常在持续七天的节日期间,人们备下酒菜,以俄罗斯传统菜肴为主,彩蛋必不可少。相邀聚会,轮流做东,载歌载舞，开怀畅饮。在酒桌上互碰彩蛋，一是庆祝耶稣复活，二是表示节日喜庆、吉祥如意的意思。碰彩蛋是节日里不可缺少的内容，彩蛋没有被碰破的主人是胜利者，可以赢来许多彩蛋，赢得越多说明运气越好。家庭节日娱乐的高潮表现在相约聚餐的酒宴上，大家唱歌、跳舞。传统的俄罗斯民族歌曲曲调优美动听，民间舞蹈百跳不厌，舞蹈有集体舞、双人舞、单人舞等，边唱边舞，伴奏的乐器多为俄罗斯民间的小手风琴（扣子琴）、三角琴、吉他和口琴等。舞蹈的节奏与舞曲密切相关，有很强的节奏性，以快速的节奏为多，舞姿多变。俄罗斯族不分男女老少几乎人人都是能歌善舞，歌与舞是华俄后裔文化生活的重要组成部分。这充分表现出这个民族特有的性格，开朗、热情奔放。

巴斯克节的第 40 天是主升天日，信教的俄罗斯族教徒，也有部分不信教的百姓参加，主要到村附近山顶上祈祷，山顶立有十字架，这种地方戈拉湾附近有三处，即上供山、许愿山、"Пятница"（星期五）山。活动是在早上 7 点开始，虔诚者必须步行来回，还要带着漂亮的各种颜色的绸带（10 厘米宽长布条），要绑在十字架上，放上供品（酒、列巴），亲朋好友互相围成几圈、念一念，就可以回来了。巴斯克节的第 9 个星期五要去"Пятница"山。一般早上四五点人们就出发，那是最早的一个山，又比较远，信教的人要带五彩布条和食物，其活动与主升天日相似。

6. 祭亡人节（Родительский день）

在巴斯克节的第二个周二，是俄罗斯族给亲人上坟扫墓的日子。这一天，上坟的人以家庭为单位要穿上最漂亮的、最喜欢的衣服，还要带上酒、扣子琴等到墓地祭拜死去的亲人。这天清晨,人们将巴斯克节供在神龛下的彩蛋和"古力契"面包,拿到坟前与死者共度节日。人们先是清扫墓地周围的卫生,整理坟墓及围栏,使之干净整齐,然后为逝去的亲人献上鲜花,还要摆上彩蛋、糕点、水果、酒等供品。然后,人们围坐在墓碑旁,铺些桌布放上食物,开始进行野餐。有的人边吃边喝,载歌载舞,看不出一丝的忧伤和悲痛。他们认为:"亡者在复活节这天能复活,这是件令人高兴的事,无须悲伤流泪。"一般活动到下午两三点结束,离开墓地之前都会清扫干净,保持墓地干净、整洁。活动结束之后便带些供品回去给岁数大的老年人吃,同时说"×××(去世人的称呼)叫我给您带来的"。这时乡亲们就会聚在这位长者家里玩得尽兴后方可离去。

7. 泼水节

6月12日前后是泼水节,也是俄罗斯族喜欢的节日,现在乡政府也参与其中,一起组织一些活动,也有搞家庭旅游的人家举行活动,互动很少。一般在乡政府的院里摆上几个桌子,邀请一些俄罗斯族的老人,先喝点酒,然后开始唱歌、跳舞,之后准备好盆盆罐罐,装满水,泼水节也就开始了,一般是中午(最早10点),互相泼水,个个都犹如"水鸭子",游客玩得也是"不亦乐乎"。过去,一般是自己组织,或者几家一起过,场所是村附近的哈乌尔河畔,大家站在河里,互相泼水,或者唱歌,或者跳舞,尽兴为止,也别有一番韵味。

8. 三圣节(Троица)

三圣节在复活节后第50天,又称圣降灵节,是东正教中的一个重大节日,是俄罗斯民间最重要的夏季节日,最受青年人喜欢。节前，屋内外、院内外和街道上都收拾得干干净净、整整齐齐，家家房前都种着桦树，室内也用桦树枝装饰起来。姑娘们成群结队到森林里去采集各种花草编花环。此外，人们要燃起篝火，准备一定的菜肴，如鸡蛋、火腿、奶酪、酸奶以招待客人，人们聚到一起唱歌、游艺、跳圆圈舞。

9. 中国传统节日

俄罗斯族同当地其他民族一样都过春节、清明节、中秋节、国庆节等国际、国内节日，庆祝方式与当地汉族相同。

如春节，形式上也是扫尘、贴春联、贴窗花、倒贴"福"字、贴年画、守岁、放爆竹、拜年、回娘家、祭祖等，整个春节的节日氛围很浓厚，更具"年味"。在时间上，从腊八开始就拉开了过年的序幕。各家就开始包饺子、蒸馒头（俗称干粮），忙着过年的准备了。各家包饺子都请亲戚邻居帮忙，这既是一个劳动的过程，也是一个社交聚会的难得机会，进而沟通信息，增进亲情友情。现在蒸馒头的习俗已经淡了，但是包冻饺子的习惯还保留着，最晚年三十那天饺子就得包了冻上。包冻饺子就是为了过节的时候吃着方便省事。过年包饺子是件大事，要用最好的面来包饺子。

除夕夜家家院子里挑着长明灯，大门上贴着红彤彤的春联。在温暖的木刻楞房子里一家老少包饺子。伴着新年的钟声到院里燃放烟花爆竹，然后一盘盘热腾腾的饺子也端上了桌。一家人围坐在俄式长条桌前，饺子在桌中间一字排开，一家人举红酒相庆，酒至半酣，常常又有邻居相邀，华俄后裔们便聚集在一起相互拜年并载歌载舞直至天明。华俄后裔在中国合家团圆的传统节日中更多地纳入了交友和欢聚的内容。这正是俄罗斯民族乡独特的人文景观,两种血统和两种文化的交融,形成了华俄后裔特有的民风民俗。

再如清明节,按照当地一位俄罗斯族妇女的解释,第一个清明节是给母亲过的,第二个清明节是给父亲过的。这位妇女的母亲是俄罗斯侨民,东正教信徒,父亲是汉族人,非东正教信徒。过汉族的清明节时,当地的俄罗斯族要按着汉族的习俗给已故的亡人烧纸钱。

第六节 日常礼节

一 见面礼节

村里俄罗斯族老年人还保持着吻面颊、吻手、鞠躬等礼节,其他民族或年轻人以握手礼最为普遍。亲人或好友久别重逢的要拥抱,双方互吻面颊。在比较隆重的场合,有时男子要弯腰吻女子的右手背。长辈和晚辈相见,一般是长辈吻晚辈的面颊三次,先右后左,再回到右,以表示疼爱。也有的长辈为了表示对晚辈的疼爱和赞许,吻额头一次。晚辈对长辈表示尊重时,一般吻两次。女子之间好友相遇时,一般是拥抱,有时也互吻。男子之间,则只互相拥抱。亲兄弟姐妹久别重逢或分离时,要行握手礼,一般下级或晚辈不宜先伸手。

二 迎客和做客礼节

在俄罗斯民族中,面包和盐既是食品,又象征好客。隆重节日或有贵客来的时候,俄罗斯族的主人们,都会在铺着绣花的白色面巾的托盘上放着大圆面包和一小碟食盐，捧出"面包和盐"来迎接客人，是向客人表示最高的敬意和最热烈的欢迎。从很早开始，俄罗斯人就把面包和盐作为迎接客人的最高礼仪，以表示自己的善良、慷慨。有时家里准备的不是大圆面包，而是给每位客人敬一小块白面包，客人要毫不客气地吃掉以示谢意。

应邀到俄罗斯族人家做客，进屋后应先脱衣帽，向主人问好，然后向其他人问好。就座时要坐在主人指定的座位上，不可随便就座，更不能坐床。因为俄罗斯族对床看得很重，除自己的长辈外，其他人坐床被认为是不礼貌的，现在受汉民族的影响这一习俗在慢慢消失。

三 馈赠礼节

俄罗斯族在传统节日、喜庆之日等，都有送礼物习俗，女人最喜欢的礼物是鲜花。接受礼物时，要当着送礼人的面打开，不管礼品是否符合自己的心意，都应表示对礼物的重视，表示收到礼物很高兴。

第六章 文教卫生

第一节 宗教信仰

恩和村是一个多民族居住地,各民族在长期的交往融合中,形成了以东正教为主,伊斯兰教次之的村寨宗教信仰格局。俄罗斯东正教是19世纪末20世纪初开始在额尔古纳地区传播的。恩和村华俄后裔对宗教的信仰是非常虔诚的。

一 宗教家庭的特点

1. 东正教家庭

恩和村俄罗斯族或华俄后裔(包括配偶有一方是)的家庭都设有"神龛",而且有的家庭有2个,特别是开办家庭旅游业的人家,"神龛"放置在家中最显眼的地方。这里的人称放神龛的地方为"小三角"(俄语称 красный угол,意为红色的、美丽的一角,因为这是最神圣的、能给人光明的地方)。一般设在主室的东南角,或者是与进主室的门相望的墙角。

村民家的"神龛"一般设在距屋顶60多厘米处的墙角,不能低于窗户。由一块厚1~2厘米,底边约50厘米的三角形木板制成的(大小主要取决于放置的物品多少所定），也有设置两层的。一些讲究人家用的三角板刨光后涂上油漆，或用红色和白色的布包裹起来，上面再盖上白底儿带绣花和花边的布，布下垂成三角形或正方形。也可以用红色或蓝色的布加以装饰，听老人们讲，白、红、蓝三种颜色在东正教内也有些特殊的说道：其中白色表示纯洁无瑕，胸襟坦白，光明正大；蓝色代表忠厚虔诚，正直善良和完美无缺；红色则代表英勇果断，豁达宽厚和博爱仁慈。有的布上还绣着"ХВ"或"Христос Воскрес"即耶稣复活之意。板上摆放有圣像、圣经、蜡烛、煮熟的复活节彩蛋及带"毛毛狗"的柳枝（红柳或崖柳）、圣水等，彩蛋和柳枝每年复活节的时候更换。村里老人说，第二年复活节前将彩蛋打开时，如果鸡蛋保存完好无损，预示着耶稣复活了，今年会有好年景，如果蛋易碎流水有异味，说明年景不佳，有灾害出现。年轻人一般不相信这些。三角板上最少放置一个圣像——耶稣像，放在中间，最多的放七八个圣像，主要有玛利亚、玛利亚抱圣子像等，这些圣像大都是从俄罗斯或者是澳大利亚带回来的。整个神龛上面，悬挂着带绣花的白布，半遮神龛，很漂亮。

　　神龛的下面一般放一个桌子，不分样式和大小，用于节日的时候放供品。平时只放一束塑料花，颜色由主人选。我们参加巴斯克节的时候就发现桌上放着"кулич 面包"，蘑菇形状，面包上写着"Христос Воскрес"的两个词的开头字母"ХВ"和一盘五颜六色的彩蛋，还有小列巴圈。

　　信仰东正教的家庭都可以设"神龛"。"文革"时期，恩和地区毁了很多教堂，教徒只能在家中进行祈祷。

第六章 文教卫生

图6-1 神龛

虔诚的基督教徒每日三餐前后、就寝前、起床后及周日，都要面对圣像谢"圣恩"或举行祷告、忏悔等活动。现在华俄后裔祈祷时间一般是早起后和睡前两个小时，进行祈祷时说"保佑某某平安"等。有话要对耶稣说时就可以随时在神龛前祈祷，一般不出声地默念，然后在胸前划"十"字就可以了。神龛是神圣的，不许孩童随意碰摸，也不允许对神龛中的神像指手画脚、说三道四，此被视为大不敬。

过去第一代、第二代华俄后裔出生时，大都在教堂接受过洗礼，这些人从年轻时就跟随父母亲参加教堂的礼拜活动，对宗教有着较深厚的感情，对宗教文化包括相关的宗教知识、宗教节日等都比较熟悉，许多人还能诵读圣经，会唱一些"圣歌"（赞美诗）。而第三代、第四代的华俄后裔，除了参加一些较大型、隆重的宗教节日以外，其余的宗教礼节、习俗等已经很陌生了。

2006年，恩和村的老人们从澳大利亚聘请牧师给一些孩子洗礼，当时参加洗礼的总共有16人，牧师给每一个洗礼的人都起了俄语名字。

2. 伊斯兰教家庭

村里信仰伊斯兰教的只有一支米姓的家族，父子两家。两家人居住的都是木刻楞，室内结构与俄罗斯族基本一样。据了解，他们的饮食和一些生活习惯与俄罗斯族完全不同。伊斯兰教在饮食上遵照"古兰经"的规定，凡是饮食的禽兽，必须由穆斯林奉颂"真主"之命来宰，习惯是阿訇或遵教法（四长教）的人来宰，才可以食用，不然不能食用。同时按照伊斯兰教"古兰经"忌食规定，主要有猪、狗、狼、虎、鼠、猫、驴、骡等非反刍动物不能食，死的动物肉和不出血的肉不食，忌鹰、锯咀獠牙、暴目等的禽兽，同时禁忌酒、烟、赌、奸淫、算命、看风水、拜佛像、迷信神鬼、放高利贷等。

恩和村的这两家回民家庭，一直保持着伊斯兰教的传统习俗。在服饰上，最大的特点就是男子头上一直带着白色的小帽子。回族女子头上一般围着大的方巾，大小和系法与俄罗斯族女子的头巾截然不同，村里这两家的回民女子不常戴头巾，只在他们节日的时候，才会戴头巾。小孩出生和满月的时候，要抱到清真寺，由阿訇起名字，清真寺位于距离恩和村35公里的上护林。结婚的时候也要邀请阿訇主持，由他写"杜瓦"（祈祷词），译为"吉利"。同样的，回民去世也要请阿訇主持，一次大概要200~300元钱，年节上坟，或想念逝去的人，一般都要去附近的清真寺。甚至，家里杀鸡宰羊，也要请寺里的阿訇，若无阿訇，则请未婚的族人。

二 宗教活动

（一）东正教活动

恩和村东正教活动不太多，多数是宗教节日活动。俄罗斯族节日大部分都与他们所信仰的东正教有关，如圣诞节（亦称棕树节）、冰上洗礼节、耶稣复活节（亦称巴斯克节）、圣母领报节、主升天节、圣神降临节、主易圣容节、圣母安息节、圣母圣诞节等十三个节日，东正教信奉圣父、圣子、圣灵三位一体的上帝，相信上帝创造一切，并主宰世界。俄罗斯族及其他们的后裔都信仰东正教，所以当地的俄罗斯族节日始终保留着传统的宗教节日文化，带有比较浓厚的宗教色彩，比如：圣诞节、柳条节、巴斯克节、愚人节、鬼节等。

由于这些节日的渊源与宗教密切相关，所以一开始并不叫节日，而是叫宗教纪念日。随着时间的推移和长期生活在汉族中间，以宗教为主流的色彩逐渐淡漠，娱乐成为主流，这才演变成为节日。大人和孩子们都喜欢过节，因为在节日里玩的特别开心。关于东正教宗教节日的具体活动参见前面"节日"一节。

（二）伊斯兰教的宗教活动

回民大型的宗教活动是过开斋节（伊斯兰教历十月一日）。恩和村的回族人家一般是到上护林的清真寺过开斋节。开斋节要过3天。第一天要早早起来，打扫院内院外、厕所，给人一个清洁、舒适、愉快的感觉。成年的回族穆斯林个个都要沐浴净身。男女老少都换上自己喜爱的新衣服，小孩子们也都个个把脸洗得干干净净，头发梳得光光亮亮的，然后到清真寺参加聚会活动。当阿訇宣布会礼开始，人们自动跪成很整齐的行列，向圣地麦加方向礼拜。礼拜后，人们齐向阿訇道安，接着互道问候。整个会礼结束后，由阿訇带领或各户分散游坟扫墓，为逝者祈祷。随后串亲访友，恭贺节日。节日中，家家户户都准备油香、馃馃、花花等富有民族风味的传统食品，同时还要宰羊、鸡、兔等，做凉粉、烩菜等，互送亲友邻居，互相拜节问候。恩和村回民较少，最隆重的节日就是开斋节，近些年，有时去清真寺，有时在家里自己过，几家聚在一起庆祝。

恩和村还有些其他民间传统习俗，比如求雨的习俗。戈拉湾这里没有水浇地，靠天吃饭，每年种上小麦以后，如果不下雨，牧场的人就会组织一些村中年老的男女准备好供品去山上求雨，最多能达七八十人，由场部出车，把参加者送到山脚下。人们到山顶上（或地里）要念经、磕头，还要将提前带来的水泼洒地面，然后回村，进村口还要泼水，碰见谁就向谁泼，但都不会生气的。如果下山后或过不久就出现乌云，场部还会给这些老人们买头巾、大米、白面之类的东西以表谢意。

第二节 民间艺术

一 民间工艺

20世纪90年代以前，恩和村俄罗斯族传统手艺一直备受青睐，特别是桦树皮手工艺、家庭刺绣工艺以及传统木匠工艺制作等。心灵手巧的俄罗斯族制作这些工艺品，一方面装饰自己的家居,做日用摆设以及个人饰品等;另一方面出售也能带来一定的收入。近10年来,随着俄罗斯族生活水平的不断提高,人们已经不再需要这种小额的收入来贴补家用,一些制作工艺渐渐流失。

1. 桦树皮工艺品

恩和村位于大兴安岭西麓,多山地、丘陵,谷地较狭窄,生长着大片的桦树林。桦树是俄罗斯族喜欢的树种,其浑身都是宝。桦树本身就是燃点很高的燃料,是俄罗斯族引火的主要材料;桦树枝是俄罗斯族洗桑拿的主要工具;桦树汁和桦树灵芝(桦树上结的蘑菇状的疙瘩)可入药,治疗糖尿病;桦树皮则用来制作各种工艺品。

桦树皮工艺制作:主要将桦木切成段,经过蒸煮、剥皮、捆成捆挤压、选料、裁剪、粘接、缝制等几道工序精心制作而成。产品质地柔韧、颜色天然柔和、防腐耐潮、经久耐用,具有纪念性、观赏性、适用性等特点,有极高的收藏价值。桦皮制品和桦皮画,统称为"桦树皮文化"。

桦树皮可以制作成简单的生活用具,也可以制作成充满艺术气息的桦树皮画。其生活用具主要有:桦皮船、桦皮桶、桦皮碗、桦皮帽、桦皮箱子、桦树皮凳、桦皮篓等;桦树皮画主要是风景画,绘有树木、花草、山水、房屋等,也有人物肖像画。20世纪90年代以前,桦树皮工艺品一直很受当地人们的喜爱,桦树皮画更是备受过往游客的青睐。

2. 家庭刺绣工艺

俄罗斯族妇女心灵手巧,从小就学习基本的绣工。过

图 6-2　桦树皮工艺品

去主要是用各种颜色的丝线,在绷紧的绸布上,飞针走线,绣出各种漂亮的图案。制作的绣品可以做枕套、门帘,各种家具饰品,还可以绣在衣服上。20世纪80年代前后,恩和村的俄罗斯族又开始手工制作壁挂、门垫、桌椅垫,甚至是床垫,大多数是自用。这些制作的材料主要是毛绒,工具就是铜焊条,或者是自行车辐条,将一端磨尖,弯成钩即可。手法可称作为"勾",针法主要有"立柱"形。钩出的坐垫有圆形、长方形、正方形、椭圆形等,大小不一。垫子的图案有花草树木、房子等。现在的俄罗斯家庭都能见到这样的垫子。最近几年,年轻的俄罗斯族女子开始做十字绣,利用休闲时间,绣出各种不同图案的十字绣,有的甚至卖很高的价钱,多数是供来恩和旅游的人购买。

3. 工匠手艺

恩和村地理位置特殊,气候比较寒冷,木刻楞民居成为一大景观,当地的木匠手艺精湛,采用"镶嵌"的手法将原木之间连接,达到保暖的目的。除此之外,这里的木匠一直保留着制作爬犁的手艺。冬季雪大,爬犁仍然是便

图 6-3 家庭手工艺

利的交通和运输工具。

二 民间文艺

一个民族在其生存和发展过程中,必然产生这个民族的文化。至今已有一百多年的俄罗斯族民间舞蹈在额尔古纳不断发展丰富,形成了具有华俄后裔——俄罗斯族特色的民间音乐舞蹈。

俄罗斯族民间舞蹈以集体舞形式居多,极个别是单人舞,每个舞蹈都有固定的乐曲和表演形式,伴奏乐器多为手风琴、俄式扣子琴、三角琴(俄称"巴拉来克")和口琴等。集体舞一男一女组成一对舞伴顺时针翩翩起舞,一曲完后变换舞曲,舞蹈动作也随之变换,舞蹈都有固定的曲子和名称,如布里哈、嘎罗卜其卜、灭斜斯、嘎巴乔克、奥吉诺其卡等。

俄罗斯族民间舞蹈流传在额尔古纳,几代人自然相传,同属于额尔古纳市的黑山头、恩和、吉拉林的民间舞蹈虽然风格上稍有差别，但没有本质的不同。

恩和村是一个以俄罗斯民族为主的民族聚居地。恩和村传统的俄罗斯族民间舞蹈有单人、双人和集体表演的"希里哈"、"巴达罕拉娜"、"嘎巴乔克"、"灭斜斯"、"奥吉诺其卡"、"茨冈内卡"等。舞曲有"希里哈"、"那林琴卡"、"累塞"、"嘎巴乔克"、"灭斜斯"等，舞步多变，跺脚较多，单人舞蹈腿部技巧很高。每个舞蹈都配有固定的舞曲，一般用手风琴伴奏，有些集体舞还加伴唱。这些传统的民间舞蹈可以自由发挥。也有独特的民间舞蹈——踢踏舞，是复活节的主要舞蹈之一。跳舞时，男女老少穿上皮鞋一起起舞，主要用手风琴伴奏。众人围成一圈，用脚尖、脚跟或脚掌的某一部位击地，发出踢踏的响声。妇女们边跳边挥手，男人们边跳边吹口哨，拉琴者也加入到队伍里来，节奏欢快，步法灵活，声音响亮，场面热烈欢快。歌舞伴奏乐器还有俄罗斯族特色的三弦琴、扣子琴以及键子琴，俄罗斯族的第四代、第五代的年轻人很少有人会这些乐器，擅长演奏这些琴的主要是老年人。这些乐器音色清脆响亮，几种乐器可以合奏。俄罗斯民族民间舞蹈已申报为内蒙古自治区文化遗产。

第三节　乡村教育

恩和村的俄罗斯族已经繁衍到第四代、第五代了，作为少数民族，享有生二胎的优惠政策，但是 1992～2006 年以来，第三代俄罗斯族生二胎的人家屈指可数，到第四代、第五代俄罗斯族只生一胎，甚至有的年轻人不想要小孩。按当地人讲，主要原因是现在培养孩子花销太大，一个孩子还能凑合给他一个好的生活、教育环境，再多就有压力了。村里孩子不多，50%的孩子都到外地上学，2005～2007年，中小学转出学生有30多名，小学主要转入额尔古纳市第四小学和第五小学，中学主要转入额尔古纳市二中和三中就读。

一 幼儿教育

恩和村的女人基本都是自己带孩子，还要做家务，老人们也能帮一下。初生的小孩一般睡在一个木制的摇篮里，像一个小木船，四个角连着绳子，方便悬挂在房棚上，可以轻轻地摇晃，帮助小孩入睡。孩子会爬了就和大人们一起睡，避免摔下。

图 6-4 吊起的摇篮

村里大人们和孩子一起常玩的游戏有两种，一种叫"逗逗飞"，一种叫扯大锯。

逗逗飞。这也是满族民间常见的逗引幼儿的游戏。游戏时，大人用手轻轻地拿着幼儿的俩食指，对拢又水平分开，使其有间隔地对碰，同时伴以"斗斗斗斗，飞——"的话语。当说到"飞"字时，大人便把孩子的两臂张开，做出如同小鹰腾起劲飞一般的动作，重复多次。这样可以锻炼孩子的手部肌肉,同时可以训练孩子的手眼协调能力和语言动作协调能力。

扯大锯。这是过去有名的亲子游戏,是大人和小孩两人面对面坐着,两手牵着,一拉一推,模仿木匠拉锯的动作。在游戏中,大人嘴里还要不停地念童谣:"拉大锯,扯大锯,姥家门口唱大戏。接闺女,唤女婿,小外孙,也要去……"或"拉大锯,扯大锯,锯木头,盖房子,姥姥家,唱大戏……",这样边"扯锯"边唱童谣,直到尽兴为止。扯大锯游戏一般在炕头上、场院中、树阴下、稻草垛旁进行。这种游戏属柔性体育运动,可以锻炼孩子的坐力和腰腹、腕关节的灵活性。

3 周岁之前,孩子们或者是跟着妈妈,或者满院满街跑。过去人们没有早教育孩子的意识,现在一个孩子,想的就多了,看的也多了,学着电视,早早地给孩子买上各种墙贴画,看图识东西;再者买一些 DVD 或 CD 的碟,教孩子尽早学习;还有就是家长买来寓言故事图书,睡前给孩子讲读故事。

二 学前班教育

恩和中学以前的学前班是不固定的,孩子多了就开班,有时候孩子少(5 个人以下)就不开班了。2008 年 5 月,恩和学校开始了幼儿入校上学前班,以《幼儿园工作规程》和《幼儿园教育指导纲要(试行)》为指导,以"五大领域"教育内容为主体,另设置特长教育内容以满足幼儿需求,促进幼儿全面发展。要求凡是上学前必须接受幼儿学前教育。

恩和中学开设学前班,分大班和小班。小班冬天 10 月中旬就不上课了，天气太冷，接送也不方便，到第二年暖和的时候才上学。小班和大班上课时间一样，每天上课时间早上8~11点，下午2~5点，周日休息。小班孩子的年龄在3~5周岁，主要的课程有音乐、游戏以及健康知识等。大班孩子的年龄在5~7周岁，主要的课程有算术、语言、美工和游戏等，每月80元费用。

三 中小学教育

1948年恩和小学建立，校内主要建筑是三幢俄式木刻楞平房，共有360平方米，当时俄罗斯族学生占43%。新中国成立初期，恩和村仅有的一所公办小学，有学生10人，教师1人，实行6年制。1974年，恩和牧场建立一所中学，是一所企业管理的初级中学。俄罗斯族学生占50%，校园面积1978平方米，小学为5年制。1988年末中学有在校生201名，教师26名，小学又实行了6年制。1994年成立恩和俄罗斯民族乡，这个小学随即更名为恩和俄罗斯民族乡小学。2001年，恩和乡与室韦镇合并为室韦俄罗斯民族乡后，称之为恩和小学。恩和牧场把教育移交地方管理，但分离后5年内教育经费仍由农牧场承担，2004年该企业出资24万元，2005年出资22万元。2005年10月，恩和俄罗斯族民族学校始建，它是原恩和小学、恩和中学和5个教学点合并组成的一所9年一贯制学校，占地面积19500平方米，建筑面积1723平方米。现有教职工34人，其中本科学历6名，大专学历27名，中专学历1名。2004年以来，入学情况一直良好（见表6-1、6-2）。2007年，学校9个教学班共有学生199名，少数民族学生126名，其中俄罗斯族学生65名。

表6-1 初级中等义务教育入学情况

学年（年）	适龄少年情况（人）				在校学生情况（人）				本地在外地借读学生（人）	已初中毕业适龄人数（人）	适龄人口入学率（%）
	总人数	尚在小学	应入初中	共计	不及格	本地学生		外地学生			
						适龄	超龄				
2004~2005	113	20	93	76	8	63	5	一	15	2	82.3
2005~2006	129	12	117	93	4	76	11	2	15	9	90.7
2006~2007	105	2	103	80	5	62	11	2	22	1	98.1

表6-2 初级初等义务教育入学情况

学年（年）	适龄儿童情况（人）			在校生情况（人）					已小学毕业的适龄人数（人）	在外地借读的适龄人数（人）	适龄人口入学率（%）
	总人数	应入学	总数	不及格	本地		外地				
					适龄	超龄					
2004~2005	155	133	134	16	111	3	3		12	10	100
2005~2006	152	120	120	12	94	7	7		6	26	100
2006~2007	155	134	134	11	117	2	4		6	15	100

第六章 文教卫生

(一) 教学设施和经费

学校教学楼是恩和村五个砖房建筑之一，2005年建成。学校其余的建筑都是木刻楞，各班级在这个教学楼的位置：一楼有学前班，1年级至5年级；二楼是办公室、微机室和实验室；三楼顺序为7年级至9年级。微机室里安装20多台电脑，上课时，一般是两个学生一台电脑。标准语音室、物理实验室、生化实验室也具备中学教学和实验的各类器材。

宿舍楼是木刻楞建筑，面积约120平方米，分学生和老师宿舍，学生宿舍每个卧室有12张床铺，学校中小学住宿生共有92名，小学住宿每月60元，中学住宿每月80元，幼儿园学生住宿每月50元。舍务的管理由专门的老师负责。

图6-5 学生宿舍

食堂能够容纳几十人，有专门的桌子和凳子，还为学生准备了放餐盒的橱柜。学校聘用当地人给学生做饭，每月工资是 300 元，为保证学生的身体健康，使学生的伙食得到进一步改善，学校与家长协商在原有的伙食标准基础上再增加 10 元，也就是中学生每月 140 元，小学生每月 130 元，春夏秋冬四季都是三顿饭。早饭稀饭和馒头，自制的小咸菜；午饭是米饭一菜；晚饭是面食。学生们都能够吃饱、吃好，安心地努力学习。

操场在学校的中心，面积约 1000 平方米，中间穿插水泥路，篮球场有两个，都是水泥场地。厕所在校园的一角，是板房结构，大约有 40 平方米。

图 6-6　学校运动会

近几年，市教育局多方筹措资金，极大改善了恩和俄罗斯民族学校办学条件，2005 年财政拨付经费 507885.74 元，其中个人经费 443147.74 元，取暖经费 64738.00 元；2006 年财政拨付经费 980384.80 元，其中个人经费 870886.80 元，教育公共经费 82685.00 元，取暖经费 26813.00 元；2007 年财政拨付经费 841573.98 元，其中个人经费 728230.43 元，教育公共经费 73475.55 元，取暖经费 39868.00 元。2005 年、2006 年预算外杂费收入分别是

34190.00元、18620.00元。学杂费收费标准一再降低。几年来，累计筹措资金169余万元，其中投入资金130余万元，包括建教学楼946平方米，改建锅炉房60平方米，微机室一个，理、化、生实验室各一个。投入近7万元购买各种教学仪器，投入5万元安装多媒体教室，投入21万元改建宿舍360平方米。新建食堂180平方米，建水泥场地1100余平方米，学校自筹资金1600元，自己动手建110余米水泥路，一系列的教学设施的改革，给恩和村的学生们提供了一个良好的学习环境。

（二）恩和民族学校党政管理

过去学校只有校长、书记、教导主任和会计4个管理人员，学校党务工作归书记，食堂、后勤、少团队工作归教导主任。现在工作分工明确，有政教主任、总务、少团队主任、舍务总管等，每人都有专门的职责，有时间和精力处理相关的工作，非常有利于学校的管理。

学校每月月末休息4天，平时只有周日休息，节假日照常休息。

（三）教师的编制、待遇以及管理

恩和民族学校现有教职工34人，中学在编教师16名，小学在编教师17名。其中本科学历6名，大专学历27名，中专学历1名。公办教师29名，2名借调人员，聘用编外为3名大学生，最初有8个，每月工资200元，因工资待遇低走了5个。教师中有13名中共党员，其中有5名俄罗斯族教师。

新中国成立初期，恩和村仅有恩和小学，其教师实行实物工资制，按教师家庭人口供给粮食、烧柴，在村民中筹集，或由村民为教师代耕一定数量的土地。20世纪50年代，教师实行工分制，1956年教师工资改革，执行级别货币工资制，小学1~11级，中学1~10级。十一届三中全会后，多次调整、提高教师的工资待遇。1979年末60%的教职工提高一级工资，1980年以后，中小学班主任实行津贴制，有4~7元4个档次。1984年又出现了补贴，每月分别为25元、30元、38元，每人每月工资平均增长19.60元。90年代末至2004年之前，这里的平均工资是400元左右，校长450元。现在平均工资达到1600~1800元。

2006~2007学年王宁、盖秀英被评为市级优秀教师，张桂芬被评为优秀校长，李欣兰被评为优秀教育、德育工作者，王咏梅被评为十佳师德标兵候选人。学校还多次组织全体老师认真学习《教师法》、《教育法》、《中小学教师职业道德规范》以及优秀教育刊物中的先进事例，鼓励教师为学校的教育、教学质量而努力工作。

（四）学生的课程及其业余活动

恩和村的俄罗斯族孩子在新中国成立初期都是到附近的苏侨学校上学，主要有苏沁、上护林和三河等地方。苏侨学校开设的课程较普遍的是俄语、算术、图画、体育、音乐。课程设置基本上是教师和侨民自己选定的，不严格、不固定，也不科学。

当时初级小学开设的课程有语文、算术、音乐、图画、体育、历史、地理、自然、修身课（思想品德）和俄语。20世纪70年代，小学实行5年制，开设语文、算术、音乐、体育，5年级增开历史和常识课。1985年以后，小学又改为6年制，开设语文、数学、思想品德、自然、历史、地理、体育、音乐、美术和劳动课。1~4年级每周总课时26节，5~6年级每周总课时28节。每周课外活动（科技、体育、班队活动）4节，学生在校每周总活动量为31~34节。

表6-3 小学一年级第一学期课程表

周 节	星期一	星期二	星期三	星期四	星期五
1	数 学	语 文	数 学	语 文	数 学
2	语 文	语 文	数 学	数 学	语 文
3	体 活	体 育	阅 读	语 文	语 文
4	思 品	数 学	音 乐	思 品	音 乐
5	美 术	手 工	语 文	体 育	阅 读
6	班 会	文 活	美 术	阅 读	体 活

这是一年级的课程表，和二年级一样一天要上6节课，二年级的课程只是多了队活；三、四、五年级又多了英语、科学、科研、信息，英语每天都要上，并且一天总共要上7节课；六年级到九年级每天上7节课，六、七年级一周增加历史、地理各3课时，政治、生物各2课时，八年级增加物理2课时，九年级多了化学4课时，没有地理和生物课了。

为促使全校师生人人重视、人人参与创建工作，学校经常开展各种活动，多方面教育学生。近两年全校开展的活动有："六个一"活动，即举办一次"平安校园征文、摘录平安校园警句、绘画"活动；举行一次安全法规、安全防护教育报告会活动；召开一次"平安校园活动我如何做"主题班（队）会活动；出一期"平安校园"为主题的黑板报，组织一次安全常识测试和知识竞赛活动；开展一次消防演习活动，在活动中让全校师生体验平安，提高自救、自护的意识和能力，红领巾广播站进行交通安全教育；进行法律知识讲座。

此外还进行了其他的教育知识课程或讲座。

青春教育课。乡政府协调卫生院来学校进行健康知识讲座,发放各类宣传材料20份,张贴海报10张,教育面达到了100%。除此之外,学校定期设置青春教育课,由本校老师兼任。小学利用班、队活动课,中学利用班会时间,每学期每班上3课时,让学生即时接受青春健康教育,使他们有一个正确的心理态度,茁壮成长。

预防疾病宣传。在学校张贴预防各种疾病的海报,并开设卫生专栏,进行各类疾病知识讲座,邀请恩和村卫生院的医务工作者进行讲座,课时达到98课时,教育面达到100%。还有安全教育宣传和文明礼仪教育实施方案等教育知识讲座,扩展学生的知识面,提高学生在各个领域的安全意识。

学生从恩和民族学校毕业后,通过参加中考,一般都是去额尔古纳市读高中,额尔古纳市一中是首选,其次是海拉尔一职或者海拉尔二中,也有个别学生就读额尔古纳市职中的。到目前为止,我们所调查的恩和村80户村民中,最高学历是本科的有3人,分别就读过内蒙古农业大学、内蒙古师范大学和内蒙古通辽民族大学;专科学历的有5人,主要就读长春俄语专修学院等学校。

四 教育政策

新中国成立初期,额尔古纳地区教育工作的重点是恢复发展小学教育。1956~1957年,开始贯彻德、智、体全面发展的教育方针。1958~1960年,贯彻执行"教育必须为无产阶级政治服务,必须与生产劳动相结合"的教育方针。1961~1966年,贯彻《全日制小学工作条例》,纠正了学生过多劳动的现象,保证教学计划的实施。1985年《中

第六章 文教卫生

共中央关于教育体制改革的决定》公布后,实行国家办学、地方负责、分级管理,除重点中小学由旗文教局直接管理外,其他中小学交乡镇管理,实行双重领导。恩和农牧场设置主管教育的科室,1986年7月,全国范围内实行九年制义务教育,场部设立了义务教育领导小组,开展恩和教育事业。

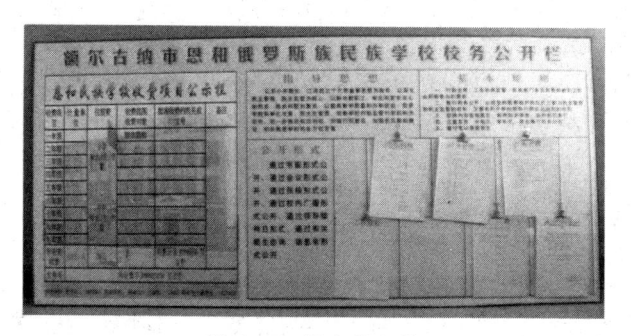

图6-7 校务公开栏

2005年,额尔古纳市开始实施城镇低保家庭义务教育阶段"两免一补"政策,学校积极落实这项政策,学生从中受益(见表6-4)。2006年春季,学校全部免除学杂费和课本费,三年累计免除学杂费10100.00元,累计免除教科书费57271.70元,累计提供免费教科书9381册。

表6-4 享受补助学生人数统计

单位:人,元

时间 (年)	享受住宿补助学生		享受低保补助学生	
	人数	资金	人数	资金
2005	285	33390.00	15	1810.00
2006	192	40090.00	29	1435.00
2007	98	22489.50	14	665.00
三年累计	575	95969.50	58	3910.00

五　学校教育存在的问题

恩和村的学校教育目前已经发生了翻天覆地的变化，校舍得到改造，教师素质不断提高，减免各种教育费用不断实施，失学率下降，升学率有所提高（见表6－5）。2006年，辍学人数5人，其中女孩3人，多数原因是成绩差、厌学。所以，给恩和村的孩子们一个越来越好的就学环境十分重要。当前恩和村学校教育还面临着一些困难和问题。如现代教学设施不足，教育投入也相对匮乏，转校到外地就读学生人数不断增加，高素质、高学历的教师缺乏，师资力量薄弱等。

表6－5　恩和学校毕业生情况统计

单位：人，%

年度（年）	小　学			初　中		
	学年初毕业班人数	学年末实际毕业人数	毕业率	学年初毕业人数	学年末实际毕业人数	毕业率
2003～2004	28	28	100	15	15	100
2004～2005	37	37	100	15	15	100
2005～2006	26	26	100	31	28	90.3
2006～2007	28	22	100	28	28	100

（1）师资力量薄弱，转学到外地就读的学生人数不断增加。恩和学校的中小学教师中，小学和中学教员各有一名本科学历的教师，毕业于黑龙江大学，其余80%以上都是大专文凭，毕业于中央电大，属于函授。行政或专业技术职务类别中，中学教师总人数为15人，最高为中教二级，小学教师总人数为19人，分别是小教高级7人，其余都是小教一级，通过普招考入师范类的大学生，都不愿意来这里授课。现任职的教师还兼任几科的教学工作，专业水准

相对较差，特别是英语老师。为此，恩和村的家长都把孩子送到额尔古纳市四小、三小、二中、三中和四中，还有海拉尔市的各个学校就读，2005年转走5名学生，2006年转走6名学生，2007年转走10名学生，这与学校的师资力量有直接的关系，是一个值得关注的问题。

（2）民族教育问题。俄罗斯族的传统文化正在逐渐地消失，俄语已经在俄罗斯族的年轻人中日渐消失，能讲俄语的老人也大都年事已高，随着时间的推移，不久的将来，俄罗斯语言在恩和村将面临彻底消失的危险。1999年以前，恩和学校间断性的开设俄语课程，此后俄语课一直停设，主要原因是没有专业的俄语教师，家长和孩子们的俄语学习兴趣是很高的，也只有无奈放弃。老人的俄语水平只是停留在简单的日常生活用语，只会说，既不会写也不认识俄语单词，调查过程中，一位非常优秀的俄罗斯族导游，年龄40岁左右，操一口流利的俄语，经常出入俄国与中国边境，但是，拿着写满俄文的报纸，却是一筹莫展，只能找人来读，才能领会其中的含义。可见，强化俄罗斯族文化教育，对于恩和村俄罗斯族来说，尤为重要。

六 村民教育

恩和村村民的文盲率很低，初中文化水平的比例较高，男女就学率相差无几，这与1947年额尔古纳地区大规模普及教育和扫盲运动有重要的关系。1947年，各地因地制宜办起冬学，后改为常年民校，教师由当地小学教师兼任，使用《农民识字课本》或《农村速成识字课本》。80年代后期，扫盲工作转为农民业余教育，并进行职业技术教育培训。

2004年，为了加强扫盲工作，建立健全组织乡政府把扫盲工作纳入重要议事日程。成立了以乡长为组长,分管乡长为副组长,教育、财政、公安、共青团、妇联、工会等相关部门负责人为成员的组织机构。按照《扫除文盲工作条例》的要求,制定扫盲规划,定期举办扫盲学习班,学习相关的法律法规知识,提高人口素质。

2004年市里给乡政府下达脱盲指标5人,2005年扫除青壮年文盲3人,实用技术培训班学员有13人,教师3人,经费0.08万元;2006年扫除青壮年文盲2人,实用技术培训班学员24人,教师2人,经费0.06万元。人口学校和文化技术学校教师由恩和老师兼任,为脱盲人员开办文化知识的再巩固学习班,开展对49岁以下青壮年文盲或半文盲教育,每次上课约有一周,上下午各两节大课,教材主要是额尔古纳市"两基办"的指定书籍。开设的课程有文化课、种植课、养殖课和一些手工艺技术方面的知识课。通过教师的辅导,学员的学习,经考试学员的学习成绩全部达到要求,完成了上级下达的脱盲工作任务。2004年度至2006年度文化技术学校开办了3期扫盲培训班,内容为奶牛养殖技术、妇女保健、农机检修方面的知识,共有52人参加学习,收到了明显的效果。

第四节 医疗卫生

一 医疗状况

恩和村建立之初村里并没有看病的医生。村民有病都是"小病挺,大病扛",或者让熟识草药的人采些草药煮水喝,若还不好就去距村七十公里的三河镇"红十字"医院看病，该医院是由苏侨建立的，1945年收归旗医院。1963年建恩和牧场卫生室。20世纪60年代中期，根据"要把医疗卫生工作重点放到农村中去"的指示，医疗队下乡来到村里，当时有满洲里市的三批医疗队，他们在这里主要是识草药、制中药等，也给村民治些普通的病。1971年在恩和牧场卫生室的基础上建恩和国营卫生院，设备、医务人员的质量都有所提高，给村民就医带来很大的方便。当时医院设在恩和牧场场部附近，占地面积约100多平方米，工作人员共计10余人，主要设有科室及工作人员：内科工作人员3人；外科工作人员3人；妇科1人；儿科3人；护士2人。医护人员多数毕业于扎兰屯卫校，后又进修于内蒙古医学院、包头医学院等，基本工资在700~900元。主要设备有B超机、X光设备等，共有4个床位，不能出诊，不能做化验及手术。

恩和村现有农牧场管理的医院一所，有职工32人，资产29万元。2008年8月投资90万元新建了恩和卫生院478平方米，医疗设施有了极大的改善。

图6-8 恩和医院

2007年新型农村合作医疗全面展开,每人每年缴纳20元参合费,其中14元作为家庭账户基金,由家庭成员共同使用,6元划入大病统筹。实际上农民只交6元钱,就可以享受住院报销待遇,每人每年最高可报销1.5万元,但是参合率不高,原因主要是一半以上居民是农牧场工人,都有医疗保险。住院报销的起付线乡镇卫生院为70元;市级医院为300元,市外医院为500元。2008年起,合作医疗报销取消费用分段,按最高限额报销(见表6-6)。

表6-6 医疗保险报销情况统计

单位:%

费用分段	乡镇卫生院	市级定点医疗机构	市外医疗机构
1000元(含1000元)以下	30	30	20
1001~3000元	40	35	25
3001~5000元	50	35	30
5001~10000元	60	40	35
10000元以上	70	45	40

额尔古纳市合作医疗管理办法规定,为每一位住院分娩的孕产妇在规定报销的基础上,另外给予50元补助。

2007年7月,戈拉湾开了一个"乡民药店",是恩和农牧场医院的医生开的。药店是砖结构建造,面积约70多平方米,分为售药处,诊室,储藏室几个房间,房子是临时租的,一年租金3000元。药店售药兼看病,有坐诊医生、药剂师、检验师三位工作人员。乡民药店总资产约5万元左右,主要从哈尔滨进药,有时电话配送,村民大多数小病小灾的,来此处买药比较方便,遇到大病多数人去拉布达林或海拉尔医院就医。

1. 常见疾病

地方病，额尔古纳市所辖地区在新中国成立前后易染大骨节病和地甲病。戈拉湾患者较少，特别是地甲病患者更少，地甲病是地方性甲状腺肿的简称，是一种主要由于自然环境缺碘引起的地方性疾病，俗称"大粗脖"或"粗脖根"，其症状是脖根变粗，主要发病地在奇乾附近地区，恩和村甚少。大骨节病，是一种以全身关节病变为主的地方慢性疾病，当地人称"柳拐子病"或"算盘子病"，患者主要是关节畸形，主要手脚关节肿大，得病后走路慢，腿发直，像鸭子似的，过去患病的多，现在也有，主要是过去水比较硬，现在都是遗传而来的。恩和村的蒋家12个兄弟中三兄妹有大骨节病，老五和老六主要是手上，大姐则手脚都有病变，她的孩子也被遗传；还有孙家兄妹4人手和腿部有，他们的孩子手腿比较短、又粗。

风湿病，恩和村所处位置属于寒温带湿润气候，年平均气温 -3℃，最低气温 -50℃，无霜期80~90天，其气候特点是寒冷、湿润、风大、冻害多、冬长夏短、春秋相连，冬季取暖时间长达8个月，这种气候特点造成疾病主要是风湿病。恩和村地区风湿病是最常见的疾病类型，年龄多在40岁以下。其病症主要表现为，手脚酸疼，阴天、下雨天疼痛严重。据恩和村"乡民药店"的医药人员讲，这里售药种类多少是分季节的，春秋主要是风湿类膏药和胃药卖得比较快，夏季，特别是7~8月时，跌打损伤的药卖得快，种田、打草容易碰伤，而四季常卖的主要是胃肠药。

消化道疾病的发病率也比较普遍，主要是痢疾、肠炎、胃病、胆结石等。20世纪80年代以前，这里的居民一直饮用村中哈乌尔河的河水，现在也有个别家庭，甚至单位饮用河水。村里有两个送水人，一个是米姓的52岁回民，通过电话联系，用牛车送水，一桶5升，每桶1元，每月收入可达100元左右；另一个是付姓的47岁俄罗斯族男子，用拖拉机给机关单位送水。20世纪80年代以后，村民自己打井，井深30米左右，多挖在室内（卧室），据村民讲，这样的深水井也未达到卫生标准。2006年，恩和政府出资打造了一口深为70米的水井，但是村民要交费购买此井的水，每桶要1.5元，电话求购，负责送水到家，村民认为较贵，很少购买。这里的水比较硬，河水周围污染严重，很容易引起消化系统的病变。

跌打损伤也很常见，就像"乡民药店"的医务人员讲的，秋季这里的村民打草，体力劳动强度大，恩和村可打草的场地约12万亩，个人草场面积很大，最少也有三四十亩草场，碰伤是很常见的。

2. 民间疗法

草药疗法。恩和村四面环山，植被较多，华俄后裔的老人们多数识草药，采草药自治，疗效很好。俄罗斯族妇女大多都认识草药，民间有"家家有女人，户户有医药"的说法，认药、采药、用药是俄罗斯族女人们的专长。俄罗斯族老太太说："山上遍地是宝"。村里还流传民谣"一根针，一把草，不花钱，病就好"。恩和村的俄罗斯族人家，一直使用自己上山采的草药，经常储备一些，随时备用（见表6-7）。

第六章 文教卫生

表6-7 恩和地区草药情况统计

药名	生长环境	采药时间	用药部分	形状	用法、用量	治病
小黄	山坡上	7月初	叶、茎	高30厘米、叶很小	两三根、用水熬喝汁	去火
大黄	大山石头底下	霜冻期过后	根	50年才长手指粗	泡水	通便
桔梗	山坡	4~5月	根	10厘米左右	熬汁	利咽
旁风	山坡	4~5月	根	小黄花带刺叶子长2厘米宽1厘米	泡水	祛风
黄连	山坡上	7月	根	2~3年长手指粗	泡水喝2厘米	去火
金莲花	草甸下	6月10~20日	花	黄色、1元硬币大小	两三朵	去火
芍药	山脚下	6月	根	开粉色大白花	配药	止痛
野玫瑰	山边及河边	7月	花	花苞	沏茶	去火
黄瓜香	草甸	7月	花、叶	1米高,紫白花像胶囊,味像黄瓜	熬水	腹泻
解密可(音)	林地	7~8月	花根	高1.2米,一朵花九个疙瘩	熬水	胃痛
狼舌头	草甸	7~8月	叶	高20厘米,长方形叶蓝色花	熬水	胃痛
隔泄俐	山坡	6月	果实	红秆绿叶	熬水果酱	开胃
老头草	山坡	6月	根、叶、花	绿叶,白绿色花深绿的叶,高10厘米	熬水	妇科
灭桔梗	草甸、河边	7~8月	茎、叶	米粒果实,绿色小叶	熬水	妇科腹泻
桦树灵芝	桦树枝积瘤	随时采	疙瘩	最小的能入药,直径15厘米	熬水	糖尿病

恩和村俄罗斯族也掌握了一些简单的土疗法,方法简单,不花钱,治疗又及时,很受当地百姓的欢迎。

(1)按摩,这里的居民患风湿的人比较多,一般是关节疼痛,特别是春秋季节,为了减轻病痛而进行手推拿按摩,还可以将酒烧热揉,效果很好,村民一般都会。

图 6-9　桦树灵芝

（2）拔火罐，也是当地最基本的土疗法。主要治疗风湿、扭伤、疼痛等。工具主要是罐头瓶子，或者类似于这样的容器。一般小容器一次要用 5~7 个拔火罐，大的罐头瓶两个即可，每次十分钟左右，见效很快。

（3）泡药酒：①主要是山上采的草药"耗子花"，这是一种紫色的花，浅绿色的茎，高约 5 厘米，没有叶。采来新鲜的花，就可以一半酒一半花泡，泡的时间越长越好，或者将新鲜的花烤一烤直接敷到疼处，疗效很好。②泡蓝莓（或都柿）和稠李子，一般 30 斤蓝莓勾兑 1 斤白酒，治心脏类疾病。一天喝 2 两，味道可口。

随着生活质量的提高，恩和村人就医理念也在变化，过去的草药自疗，还有土疗方法渐渐失传，只有老人们能够识别山上的各种草药，并采取适当的诊治方法，现在的青年人，既不愿意上山采药，更不相信这些根根叶叶，只

图 6-10 泡药酒

相信医生的话,生了病,就到医院诊治。调查过程中,有这样想法的占 80%,老人们体力有限,不能亲自上山采药,也就随着孩子们的想法了。

现在村里人就医及时,也注意平时的保养,恩和村人身体状况总体良好。村里近年人口的死亡率也很低(见表 6-8)。

表 6-8　2003~2007 年恩和村死亡人口统计

时间(年)	年龄(岁)	人数(人)	男(人)	女(人)	比例占总人数(%)
2003	42~78	5	2	3	0.5
2004	56~78	5	3	2	0.5
2005	56~66	4	2	2	0.4
2006	60~70	7	5	2	0.7
2007	46~84	4	2	2	0.3

恩和村人口死亡率很低，2003~2007年的平均死亡率在0.48‰，死亡的主要原因是患了难治之症，或者是自然死亡。恩和村的自然增长率在4.9‰，计划生育率100%。

二　公共卫生与环保

1. 饮水情况

恩和村村民最初饮用的都是哈乌尔河的河水，该河流经村子的河水长约1500米，最宽处约22米左右，最深处为1米左右，河水清澈见底。但因村里的牲畜是散放，常在河边觅食，喝水，村民夏天也到河边洗衣物，很不卫生。20世纪80年代中期，村民开始在家里打井，手压井，井深30米左右，都安在屋里，主要防止冬天水管冻裂。20世纪90年代末，开始使用电泵抽水，一直普及到现在。2006年乡政府出资打深水井，大约70米深，是收费水，1桶（30公斤）5元钱，并送到家。村里很少有人买，嫌水费贵，他们大部分仍然使用自家净水或河水。

图6-11　室内水井

2. 街道卫生

在街道卫生维护方面，乡政府和村民积极参与，政府首先规范统一恩和村主要街道两侧木栅栏，并拆除有损乡容乡貌的闲置的破旧房屋。2007年的3～9月中旬，政府联合地区各单位，重点集中整治乡内主次街道、巷道的牲畜粪便、白色污染物、生活垃圾，清理疏通排水沟，以及治理牛马等牲畜散放上街问题。4月开始设置固定垃圾场，实现垃圾统一处理。村里共有两名村民负责打扫卫生，他们是村里的低保户，每月清扫大街5次，共100元，清理路边的垃圾桶每月100元。在5～9月下旬清理哈乌尔河两岸垃圾，恢复植被。店铺都要上缴卫生费，一年120元，个人家一年30元左右，这种收费从2004年开始实施，有效地维护了村里的卫生环境。

3. 环保制度

室韦俄罗斯民族乡为保护好人民的生活生存环境，提高人民群众环境保护意识，特制定了环境保护制度。

（1）实行改水、改厕、改灶，推广沼气建设。

（2）定点存放垃圾、粪便，并进行无害化处理。

（3）定期开展畜禽防疫，杜绝疫情发生。

（4）搞好美化绿化，改善人居环境。

（5）保护好各类水面，杜绝水污染。

（6）禁止排放各种污染物及有毒气体。

（7）使用可降解农膜，减少白色污染。

（8）科学使用农药化肥，发展绿色农业。

环境保护具体措施如下：

（1）家户保洁：一日一小扫，一月一大扫，一季一整治。保持房前屋后及庭院干净整洁，无阴沟积水，无污泥恶臭，不乱堆乱放。

（2）家户垃圾、废物须袋装入垃圾箱或固定的垃圾点，每户每年收取12元卫生费，由乡内的专职环卫工人运送到垃圾场。

（3）家户要养成良好的生活习惯，做到柴火、家什等屋内收藏，摆放有序。

（4）各户管好自家牲畜、家禽，做到牲畜、家禽圈养不乱跑，违者除处理好因牲畜、家禽污染环境的事宜外，每次罚款100元。

（5）教育子女不能在公共设施上乱涂、乱写、乱画，违者除清理干净外，每次罚100元以上清污费。

（6）道路保洁：对于乡内的主要街道实行分段负责制，街道两旁的商户，每天保持干净，对保洁不到位的商户，由各市场商户共同监督批评，督促其经常保洁。

（7）绿化管理：按照道路保洁责任区的划分，将责任落实到户，对责任范围内的树木花草浇水施肥，确保成活。对损害花草树木者，除限期补种外，视情节轻重，每损坏一棵树木花卉，罚款5~20元。

（8）检查评比：由村新农村建设理事会每月组织评比，每月一小评，每季一大评，年终一总评。设立流动红旗，并对表现突出的农户，由村党支部、村委会授予"文明卫生户"荣誉称号。

第七章 新农村建设

一 新农村产业项目开发及规划

（一）2007年额尔古纳市发改委和扶贫办在恩和确立的一批产业开发项目

（1）恩和卫生院扩建项目，资金30万元已划拨到市财政局，2007年将开始落实。

（2）恩和俄罗斯族民俗博物馆项目，上级匹配80万元，地方自筹8万元，资金2007年到位。为使民俗博物馆服务于旅游业，乡政府积极克服各种困难，想方设法，落实该项目，已经对外开放，并不断地收集各种物品，让参观者更详尽地了解俄罗斯民族。

（3）恩和家庭旅游项目，目标发展到50户，资金100万元。

（4）恩和村被内蒙古自治区定为整村推进重点嘎查村，2007年将落实养殖等生产发展项目，资金30万元。

（5）实施奶牛暖舍项目，恩和村个人饲养奶牛的规模不断扩大，村民一部分在恩和农牧场上班，其余多数从事养殖业，主要饲养奶牛。村里养殖奶牛的户数可达60%以上，据我们调查的50户人家中，90%都养了奶牛，最少有 3 头，最多者可达 20 头以上。恩和村设有一个雀巢牛奶收购站，养殖户每天可及时售出新鲜的牛奶。在恩和农牧场和乡政府的政策、资金等大力扶持下，各个饲养户积极改变奶牛的饲养环境和饲养方式。在传统的饲养方式上，奶牛一直是吃干草，喝冷水，住敞开的草棚，奶牛的消耗量大，产量也相对较低。为此，恩和农牧场推出奶牛暖舍项目，积极扶持农牧场工人养殖户搭盖暖舍，并给予每头奶牛 20 元的补助费用。奶牛暖舍主要是拆除过去的敞开式草棚，建造水泥或木板材料的板房，起到一定的保暖效果。乡政府也积极响应，帮助有困难的养殖户，2008 年，恩和村筹集基金 300 万元，又购进 400 头高产奶牛，奶牛暖舍面积不断扩大，恩和村养殖户奶牛暖舍已经达到 1/3 以上，政府仍然积极鼓励各个养殖户，要把奶牛养殖业做稳、做精、做大、做强。

（二）推进恩和村旅游业的发展，搞好民族家庭特色旅游产业

村党委、政府立足实际，充分利用这里独特的自然、人文资源和发展旅游业得天独厚的优势，历经数载，使恩和村旅游业发展取得了可喜的进步。

1. 地缘优势

恩和所处的室韦乡在中国北方，濒临额尔古纳中俄界河最柔美的一段，长达 136 公里，称为额尔古纳黄金河段，拥有恩和—奥洛契中俄界河"友谊桥"。交通、通信、邮政等网络健全，三级柏油路与市、乡贯通，联通、移动信号基本覆盖全境。

第七章 新农村建设

2. 生态环境优势

境内原生态环境保持良好,林草覆盖率达80%以上,河流众多,生态资源极其丰富。原始林木以松树、白桦树和杨树为主,野生动植物、药材、花卉繁多而珍贵,被澳大利亚生物学家称为原生态基因宝库。

3. 政策优势

恩和村享受着内蒙古自治区兴边富民行动和扶持人口较少民族发展的各项经济政策,这对于地区经济的发展、深入开展民俗旅游和对外推介、招商、创建品牌等都十分有利。

4. 民俗优势

恩和村虽然地处偏远,但在人种形态、劳作、民居、饮食、服饰、婚俗、节庆和民间艺术等方面都能够充分展示出传统的俄罗斯民俗风情,当地群众酷爱清洁、热情好客、能歌善舞、才艺出众,这些都具有很强的民族文化展示性、观赏性和体验性。

从2002年起,乡党委、政府利用争取到的国家民委240万元扶持资金,开始在全乡强力推进俄罗斯族风情游、家庭旅游建设。2004年6月,室韦乡创建了独特的俄罗斯族家庭旅游品牌,首批10户家庭,正式推出了"俄罗斯民族之家"旅游项目。恩和村游客量显著增加,10户家庭旅游项目户接待能力明显不足,乡政府给予每户扶持资金1.5万元在恩和村又启动了18户家庭旅游项目户。恩和村"俄罗斯民族之家"旅游项目的发展呈现出一派欣欣向荣的态势,村党委、政府紧抓机遇,为进一步加大俄罗斯风情游建设力度,于2006年筹资90万元,在恩和村修建了俄罗斯族民俗馆,使俄罗斯族的民俗文化得到有效保护和生动展示。

乡党委、政府采取因地制宜的手段，就地取材、以文化为本，深入发掘俄罗斯族风俗习惯、历史渊源、神话传说、民间艺术、舞蹈戏曲、音乐美术、民间技艺、服饰饮食、接待礼仪等民俗文化，强调原汁原味，建成了全国唯一的俄罗斯族民俗博物馆，丰富而真实地展示了俄罗斯族民俗文化。从 2007 年落成之初到目前为止已吸引了大量的游客慕名前来。2007 年恩和乡党委、政府和个人筹资 280 万元，建设乡村俱乐部，把俄罗斯族文化以更加生动的形式展现出去，在丰富旅游项目内容的同时，进一步传播俄罗斯族民俗文化。计划筹资 50 万元，以乡村俱乐部为核心，辐射建立旅游服务中心，规范旅游市场和从业人员的经营行为，同时为旅游经营者提供更广泛的信息交流平台。在恩和地区成立"家庭旅游协会"进一步加强对从业人员的培训，做精、做活家庭旅游品牌。同时拟实施俄罗斯族民俗文化保护项目，计划筹资 20 万元，对俄罗斯族民俗文化实施系统的、集中的保护，进一步保护和丰富俄罗斯族民俗文化。

（三）百年"木刻楞"遗产保护工程

俄罗斯族现今的生活习俗，仍保持着本民族的传统，"木刻楞"房屋建筑是非常有特色的历史文化遗产。额尔古纳市拟启动"百年木刻楞"遗产保护工程，该项目初期建设保护 40 户，恩和村、吉拉林村各 20 户，总投资 240 万元。

2008 年 8 月，即将完工建设项目还有投资 40 万元新建的恩和客运站 222.7 平方米。恩和初中新建教学楼 1000 平方米，配套设施 50 万元，总投资 150 万元。恩和小学新建校舍 500 平方米，所需资金 50 万元。

二 完善基础设施建设，推进现代小城镇建设步伐

（一）村容村貌建设

恩和村坐落于西南走向的哈乌尔河岸边，周边森林繁茂，群山环绕，湿地宽广，水草丰富，土地广阔而肥沃，是一个美丽而富饶的好地方。建屯初期，外迁的30户人家是沿河居住，一方面方便人畜用水；另一方面也有利于当时的民居——地窨子的搭建。20世纪70年代左右，个别住户开始打井取水，村落逐步扩大，形成一个长方形的村庄。从建屯到70年代末，恩和村一直是一条街。

改革开放30年来，随着经济的发展，人口的增加，村庄的扩展，街道也多了起来，恩和村的街区一直以来路况不好，没有水泥马路，更谈不上路灯的照明，给当地居民的夜间出行带来了很大不便。乡政府为进一步加快城镇建设，改善城镇面貌、人居环境和出行条件。2007年积极吸引项目资金，为恩和街区修建水泥路1.5公里，到2008年，村庄街道是三纵三横，规划有序，布局合理，其中两条交会的主街铺设了水泥路面，截至2008年8月8日，恩和地区两条主要街道铺设水泥路共1496.63米。

据乡政府提供的材料看，政府在村容村貌建设方面花了大力气。2007～2008年新挖掘排水沟2060米，铺设涵管5处。村内干道路面硬化率达100%，支道路面硬化率达70%。新疏通铺设巷道3条砂石路376米，耗土、石、沙664立方米，解决35户人家行路难的问题。清理垃圾1750余吨，填埋3处废旧垃圾点。清理街道卫生死角4处，整修

3条主要街道板杖子2170余米。改造街区内洼地和沼泽地6处，总面积4368平方米。共拆除废弃建筑及房屋5处，为村居百姓房屋封堵房山头1649.7平方米，无偿提供桦木板皮60.2立方米。

恩和农牧场也投入资金40万元，各生产队投入大量人力物力，在全场范围内进行环境卫生整治。自2008年5月中旬至今，利用3个月的时间，出动人员2000多人次，大小车辆500多台次，共完成整修路段16985米，修路用沙料18041立方米，清理挖掘道路边沟26985米，清理垃圾9950立方米，整修板杖子12882米，粉刷房屋1230平方米，共拆除废弃建筑物8个，挖掘涵洞、铺设涵管20处，封堵房山头340平方米。

恩和村管委会对现有居民庭院进行统一规划，特别是邻近主要干道的庭院，开展绿化、美化和净化，实行门前"三包"，达到居室干净、庭院整洁、圈厕卫生、周边绿化的目标。管委会规范统一恩和村主要街道两侧木栅栏，并拆除有损乡容乡貌的、闲置的破旧房屋，并联合地区各单位，重点集中整治乡内主次街道、巷道的牲畜粪便、白色污染物、生活垃圾，清理疏通排水沟，以及治理牛马等牲畜散放上街问题。在清理巷道所用费用合计达46868元。同时，政府要求，各家庭院内移植各种绿色树木，主要有稠李子、水葡萄、野玫瑰等植物。

（二）生活设施建设

新中国成立前恩和村没有电，人们照明只能依靠松油或动物油。新中国成立后，随着经济的发展，当地政府陆续购买柴油发电机来解决群众的生活照明和农产品加工问题，一户一个月上缴2~3元费用,每晚照明时间大约2~3个小时。到20世纪90年代中期,该乡的发电机总功率仅有265千瓦,远远不能满足人民群众生产、生活的需要。各村屯之间仍然不能通电。1994年,在额尔古纳市的大力帮助下,恩和村有了电灯,方便了日常生活。电费最初非常高,一度电要1.1元,2008年10月,电价下降到一度电0.99元,据当地的人讲,过几个月,将要下降到0.6元一度电,可以减轻一些负担。

1998年,邮电局改为邮政局和电信局,电信局又分为中国电信和中国网通。乡党委和政府又积极争取上级通信部门的支持,于2001年开工,2002年架通了拉布达林—吉拉林—莫尔道嘎镇的光缆工程。2008年全乡有邮政所2个,电话总数1039部,其中固定电话771部,移动电话268部。2002年12月,恩和村开通了移动和联通业务,村里有中国移动服务站点一个,在个人家里工作,没有固定的办公地点,主要工作是代收话费。中国网通点一个,位于政府办公楼斜对面,有八九十平方米的砖房。网通点有一人负责所有的工作,主要工作是线路维护、宽带维修、代收话费等业务。恩和村现有固定电话208户,恩和村最早安装电话的是建华商店,于1997年安装的。宽带安装有50多户,个人电话消费每月最少可达19元,最多达到170~180元。恩和村现在有三个话吧(见表7-1)。

表7-1 恩和村现有公用电话统计

单位:部,元

开办年份	名　　称	电话部数	收费标准
1997	东宝商店	1	市话0.2,长途0.3
2004	戈拉湾商店	2	市话0.2,长途0.7
2007	建华商店	1	市话0.2,长途0.3

过去,恩和村的街区没有安装专门的路灯,一直以来

漆黑一片，特别是深夜时分，给当地居民的夜间出行带来了很大不便。乡政府为进一步加快城镇建设，改善城镇面貌、人居环境和出行条件，2008年积极吸引项目资金，投资20万元沿街安装风光互补型路灯30余盏。风光互补型路灯是靠风能和太阳能供应能源，这样就省去了很多的后续资金，也节约了电力资源。解决了当地百姓夜间出行不便的状况，让当地百姓真正享受到了路灯带来的便利。

图7-1 风光互补型路灯

三 社会治安和村民保障

（一）社会治安

恩和村社会治安相对较好。20世纪90年代以前，丢失牲畜的较多,主要是牛羊散放,外地团伙偷窃,连夜在山里宰杀,再运走卖掉,根本没办法制止。后来村民采取圈养,丢失现象渐渐减少。现在,随着社会治安的加强,以及恩和边防派出所的大力配合,大批数量的牛羊丢失现象已经消失,只是个别人家丢失一只牛羊而已。恩和村室内盗窃现象很少见,邻里关系融洽,有的邻居之间,在栅栏处专门设一小门,方便两家人来往,老人们更是频繁交往,在一起喝茶、聊天,亲如一家人。恩和村的村民喜欢养狗,但是,基本都是宠物狗,走在街上,随处可见各种宠物狗。调查时村民对于本村的治安情况还是比较满意的。

乡政府也做了大量维护治安工作,主要开展了以下几项工作:

(1) 积极开展边境巡逻,防止涉外事件发生;

(2) 积极开展和宣传"反对邪教、崇尚科学"警示教育活动,防止不法分子的煽动;

(3) 积极开展群众性民间纠纷排查工作,把矛盾化解在萌芽状态;

(4) 加强对流动、暂住人口及重点人口的管理和教育,做到底数清、情况明。

为了确保村民生命财产安全,构建和谐社会,恩和村政府和恩和边防派出所联合进行驻村警务室建设。由各村为警务室提供具体场所,派出所制定相应制度,确定驻村人员,统一制作档案建设工作。据当地老百姓讲,驻村警务室就像"草原110"一样随叫随到,为维护恩和地区的安宁与稳定,促进经济的发展和进步,起到重要而深远的作用。

（二）村民保障

恩和村大部分村民的生活水平较高，但仍有部分村民生活不容乐观，较为困难。一部分是丧失劳动能力的鳏寡老人；一部分是患有重大疾病而不能工作的人。恩和村共有低保户40户，曾经是恩和农牧场工人的低保户，除享受政府补贴每月120元以外，还享受农牧场补贴每月315元。同时，政府还对其危房进行改造翻新。2007年秋，乡政府为村内的一位无国籍的俄罗斯族孤寡老太太的房屋进行翻修，搭火墙，粉刷墙面，翻新地板，修整围栏，还准备了冬天取暖的燃料——样子，让老人安心生活。恩和政府为这些低保户中有劳动能力的人积极介绍工作，让他们干一些清扫大街、送水的工作，每月又多出200多元的收入，让他们过上安定的生活。

乡政府的扶贫救助工作也帮助困难的人解决了很多问题。乡政府每年都组织慰问，进行"访民情，解民难"的系列活动，开展帮扶助学，救灾扶贫等工作，2006年11月，乡政府将两名贫困学生确定为长期扶助对象，在小学期间，每年至少帮扶每个学生200元；初中期间，帮扶每人400元；高中期间，每年每人至少600元；大学期间，每年每人至少1000元，使他们继续受到教育。2007年，一位俄罗斯族妇女，因为家里电线短路的缘故，整个木刻楞全部烧毁，生活陷入穷困，政府扶助资金数百元的同时又安排她到机关食堂做饭，基本解决了该村民的温饱问题。2007年2月，恩和乡政府制定《恩和俄罗斯乡包扶工作方案》，采取了领导干部"一帮一"以及"单位包户"的形式，让每位党员干部及各单位与贫困户结对子，把包扶工作落到实处。

恩和村的耕地都归属恩和农牧场所有，个人没有耕地，而是受聘于农牧场，成为工人，是国营性质的。恩和村的各种养殖户，有的享受农牧场的一些扶助，养兔的村民，农牧场会提供种兔5只，养牛的养殖户，政府或农牧场会给每头牛20元的暖舍补贴，村里养猪的很少，俄罗斯族喜欢吃牛羊肉，村里只有两三家养猪的，而且是母猪，享受补贴每头每年50元。

（三）自然环境的治理与维护

1. 林业的发展与治理

恩和村附近有一个恩和林场，1956年4月建成，当时叫恩和林业经营所，归属得尔布尔林业局，1958年改为恩和林场，1959年归属额尔古纳右旗。1970年改为主伐林场，之前的工作主要是林政和防火，改为主伐林场之后，开始以采伐、林政、防火为三大主要工作，1999年8月，归属额尔古纳市森源林业经营有限公司，以木材采伐、经营为主。林场施业区位于恩和地区和恩和牧场交错地带，包括向阳和朝阳两个村，面积130227万公顷，有林地面积40000万公顷。森林资源主要由落叶松、杨树、桦树组成，水源哈乌尔河从施业区流过。这里有着丰富的野生植物，有蘑菇、黄花菜、蕨菜、金莲花等多种草类植物；有野生动物多种，主要有狍子、马鹿、驯鹿、雪兔、野猪、棕熊、狼及飞龙、沙鸡等。

恩和林场有工人10多人，主要由俄罗斯族和汉族组成，文化程度大多数为初中文化，现人均工资3000元左右。林场场院在恩和村西北角，占地10000平方米，大小车辆四台，移动电话和程控电话均都已配置齐全。

林场工人的主要任务是：一是保质保量完成各项造林

任务。认真结合各项工程任务,在适地适树的原则下克服各种困难完成造林绿化任务。二是抓好湿地保护工作。加大湿地保护的宣传力度,加强湿地管护,坚决禁止在湿地保护区内擅自采沙、采石、挖塘、砍伐林木、采摘野果和开垦活动。三是认真做好三北农田防护林建设规划和封山育林规划。

1998年,开始实施"天保"工程,自"天保"工程实施以来调整产业产品结构,明确林产工业的发展方向,合理布局,引导为先,以新型产业发展模式逐步取代陈旧管理体制,封山育林,退耕还林还草,养护结合,采育结合,有效开发林下产品和非林非木产业,重点实施森林资源管护和防火工作,强化林政、猎政管理,促进森林资源的有效恢复和发展。拓展现代林业三大功能,构建林业三大服务体系。林业在"天保"工程实施前一直以木材生产为支柱产业,多年来的无序采伐造成了资源危困、经济危困的恶性循环,资源利用率低,生态破坏严重,造成了极为严重的后果。"天保"工程实施后,资源的合理配置,人员的优先组合,产业的结构调整,使得生态得以恢复和发展。生态文明成为促进物质文明、精神文明、政治文明的又一产业文化,它们既有独立性,又有千丝万缕的联系。推进生态文明建设,走"以林养林、以林护林"的可持续发展道路,就是要高度重视生态文明建设,重视资源的可持续利用,充分利用林下资源发展林产经济。抚、育、伐相统一,但以育为主,林班逐年推进,生产下来的非目的树种既可为林业创收,又可促进目的树种生长,形成林木生长的良性循环。

恩和林场每年春天雇人栽树,主要是杨树,在4月份至9月份是防火季节,2008年,恩和林场基本没有发生重大火灾。森林病虫害防治、苗木检疫,也是一个重要的工作,特别是白桦林,容易暴发白桦尺蠖、中带尺舟蛾、梦尼夜蛾、锤角叶蜂等食叶性虫害,害虫多为 1~2 龄幼虫,密度高达 128 头(只)/株,部分树木受害严重,树叶全部受损。采用环保型的仿生制剂发烟喷烟对受害林地进行无公害防治。为了确保万无一失,在烟熏防治过后,防治人员对残药和炭灰浇水并掩埋,防止了火灾的发生,而且,防治效果达 90% 以上。

2. 草场的发展与治理

恩和地区的草场归属恩和农牧场管理,恩和农牧场的工人也享有部分草场,草场总面积达到 12 万亩,这主要指可打草的面积。草场草的种类多属于林间草,主要有披碱草和花叶草。

草场归属最初的分法是有区别的,共有三类分法:机关单位为第三类,有固定收入的人,每人 2 份,一份为 17 亩;第二类是普通工人,每人 3 份;第一类是从事牧业,没有固定收入的人,每人 75 亩。个人的草场由个人维护与治理,其余未圈定的草场主要有两个,一个是戈拉湾和地子局湾,这两个地方可以随便放牧,不收取任何费用。

据了解,2008 年 3 月开始,额尔古纳市农牧业局便开始组织技术人员进行休牧围栏、牧草补播、饲料地建设实地勘察等工作,同时与休牧项目户签订退牧还草合同。5 月初开始以乡镇场为单位组织实施,8 月末竣工。该项目实施后,经过补播牧草、改良和 5 年的休牧,将使 70 万亩草场有了休养生息的机会,天然草原植被得到恢复,草原植被结构得到改善,天然草地可食牧草每亩增产 30 公斤,为保护生态、实现草畜平衡,走可持续发展之路提供了物质基础。

后　记

　　对恩和村的调查是从 2008 年 4 月开始的，2008 年 4 月至 10 月我们调查组两次到额尔古纳室韦俄罗斯民族乡的恩和村进行田野调查，选择这个村子作为"当代中国边疆·民族地区典型百村调查"的对象主要有两个原因：第一，恩和村所在的室韦乡地理位置独特，隔额尔古纳河与俄罗斯相望，这里生活着中国的跨境民族——俄罗斯族，是中国唯一的俄罗斯民族乡建制地，是 1070 名俄罗斯族及华俄后裔的聚集地，其独特的人文、历史、自然生态等资源及快速发展的经济社会吸引了我们，恩和村代表了目前生活在中国额尔古纳河流域的华俄后裔的基本生存状况；第二，我们调查组的五位成员中有两位从事俄语语言文化研究，两位是俄语专业本科毕业，现在分别从事经济和历史研究，所以是因了"俄语情结"想了解中国的俄罗斯族而决定调查恩和村。

　　本书写作成员及具体分工情况：

　　赵淑梅，本课题组组长，主持整个课题的调查并负责全书统稿和修改工作。参与所有调查并撰写第一章、第四章和第五章。

　　李梅华，内蒙古科技大学外国语学院俄语系副教授，2008～2009 年曾在额尔古纳市政府挂职任市长助理一年，参与课题调查并撰写本书第三章。

张丽红，内蒙古大学艺术学院教务科研处工作人员，参与课题所有调查工作并撰写第四章的日常生活部分、第六章和第七章。

李启华，原任额尔古纳市副市长，现为呼伦贝尔政协经济人口资源环境委员会主任（武汉理工大学在读博士研究生），参与调查并撰写第一章第二节和第二章第三节的部分内容。

刘艳清，内蒙古赤峰市元宝山区第一中学教师，参加田野调查并撰写本书第二章。

从接受调查任务到完成调查报告初稿写作，前后一年半时间，之后的修改工作时间较长。书稿虽已完成，但心里却还沉甸甸的。对于这样一个近300户人家的村屯，对于村屯中近40%的俄罗斯族，我们谈不上有深入的了解，加上都是初次做田野调查研究工作，所以困难不少。好在有历史文化学院的于永教授坐镇，2008年10月他亲自同赴额尔古纳恩和乡跟我们一起走访恩和村各户村民，无论是入户调查还是后期写作方面，于老师均以一种学者的严谨鼓舞着我们，给予我们鼓励和支持，对书稿也提出宝贵的补充和修改意见，有了他的帮助，今天我们才得以付梓。

本次调查从开始到结束始终得到了额尔古纳市政府、额尔古纳市档案局、内蒙古俄罗斯民族研究会及有关部门的大力支持，在此我们对以上单位给我们提供帮助与支持的领导及工作人员表示诚挚的谢意。在恩和村调查期间室韦乡政府、恩和农牧场、恩和学校等部门竭尽所能地支持、配合我们开展工作，在此我们要对尹瑞明乡长、辛放副乡长、恩和农牧场党委王秀芬副书记、恩和学校张石虎书记等表示诚挚的谢意。对恩和村接受过我们访问的所有村民，特别是俄罗斯族村民表示衷心的感谢，感谢他们为我们提供了生动翔实的一手材料，没有他们的配合和支持，不可能有今天的成果。

本书正式出版之前，由中国社会科学院中国边疆史地研究中心毕奥南教授、历史文化学院于永院长等认真审阅了全部书稿，在此对他们的无私付出表示由衷的感谢。

恩和村调查组
2010 年 10 月 30 日

图书在版编目(CIP)数据

东北边陲的俄罗斯民族村：内蒙古额尔古纳市室韦俄罗斯民族乡恩和村调查报告／赵淑梅等著 .—北京：社会科学文献出版社，2012.9

（当代中国边疆·民族地区典型百村调查.内蒙古卷.第2辑）

ISBN 978 - 7 - 5097 - 3650 - 0

Ⅰ.①东… Ⅱ.①赵… Ⅲ.①农村调查 - 调查报告 - 额尔古纳市 Ⅳ.①D668

中国版本图书馆CIP数据核字（2012）第176659号

当代中国边疆·民族地区典型百村调查：内蒙古卷（第二辑）
东北边陲的俄罗斯民族村
——内蒙古额尔古纳市室韦俄罗斯民族乡恩和村调查报告

著　　者／赵淑梅　等

出 版 人／谢寿光
出 版 者／社会科学文献出版社
地　　址／北京市西城区北三环中路甲29号院3号楼华龙大厦
邮政编码／100029

责任部门／人文分社　(010) 59367215　　责任编辑／周志静　刘　丹
电子信箱／renwen@ssap.cn　　　　　　　责任校对／马普清
项目统筹／宋月华　范　迎　　　　　　　责任印制／岳　阳
经　　销／社会科学文献出版社市场营销中心 (010)59367081　59367089
读者服务／读者服务中心 (010) 59367028

印　　装／北京季蜂印刷有限公司
开　　本／889mm×1194mm　1/32　　　本册印张／7.25
版　　次／2012年9月第1版　　　　　　本册插图／0.25
印　　次／2012年9月第1次印刷　　　　本册字数／161千字
书　　号／ISBN 978 - 7 - 5097 - 3650 - 0
定　　价／148.00元

本书如有破损、缺页、装订错误，请与本社读者服务中心联系更换
▲ 版权所有　翻印必究